FOREWORD

前　言

党的二十大报告指出："教育、科技、人才是全面建设社会主义现代化国家的基础性、战略性支撑。"为培养更多技能型人才，提升中职移动商务专业教学质量，我们从中职学生未来可能从事的移动商务工作岗位出发，编写了本书。本书采用理论和实践相结合的形式，系统地介绍了移动商务的相关知识，为中职学生成为移动商务技能型人才提供理论知识与实践技能指导。本书具有以下特点。

1. 内容全面，结构清晰

本书从宏观角度出发，全面围绕支撑移动商务活动的各项内容进行编写。本书采用"项目—任务—活动"式体例格式进行编写，各个项目设置职场情境、学习目标、同步实训、项目总结及课后习题，内容全面、难度适中。本书共有6个项目，分别为走进移动商务时代、了解移动商务技术、走进移动支付、认识移动营销、短视频营销和直播营销、维护移动商务安全等方面的知识，使学生全面地了解移动商务行业的发展动态，具备广阔的视野。

2. 情境引入，生动有趣

本书各项目以移动商务初学者学习移动商务知识与技能的情境引出教学主题。该情境贯穿各个任务，有助于学生了解相关知识点在实际工作中的应用。情境中设置的角色如下。

小艾——对移动商务感兴趣的初学者。

李经理——小艾的领导，也是移动商务领域的专家，不仅传授给小艾移动商务知识，还经常帮小艾答疑解惑。

3. 图示直观，易于阅读

本书内含大量的理论知识，为了降低学习难度，激发学生的学习兴趣，我们对部分知识做了图示化处理，通过简洁、专业的流程图与示意图介绍理论知识，并通过图片展示真实的案例场景和效果，使学生阅读时更轻松明了。

4. 同步实训，操作明确

本书设置了"动手做"小栏目，学生可以在学习理论知识后动手实践，在实践中加深对移动商务的理解；每个项目末尾均安排了同步实训，学生可以学习并练习具体的技能操作，提升职业素养。同时，本书在每个项目知识讲解结束后还安排了课后习题，题型包括单选题、多选题、判断题，旨在帮助学生对项目内容进行巩固。

5. 配套资源丰富

本书提供PPT课件、习题参考答案、课程标准、电子教案、模拟题库等教学资源，用书教师可通过人邮教育社区网站（www.ryjiaoyu.com）免费下载。此外，本书在部分知识点旁配有二维码。二维码内容不仅包括知识点的说明、补充和扩展，还包括对移动商务实训相关操作的微课讲解视频。同时，扫描右侧二维码进入人邮学院，即可观看本课程慕课视频。

本书由合肥工业学校方英担任主编，安徽工商职业学院刘亚男担任副主编。由于编者水平有限，书中难免存在不足之处，恳请广大读者批评指正。

编者

2023年5月

中等职业教育

改革创新

系列教材

移动商务基础与实务

慕课版

F I N A N C E   A N D   T R A D E

方英

主编

刘亚男

副主编

人民邮电出版社

北京

图书在版编目（CIP）数据

移动商务基础与实务：慕课版 / 方英主编. -- 北
京：人民邮电出版社，2023.6
中等职业教育改革创新系列教材
ISBN 978-7-115-61440-7

Ⅰ. ①移… Ⅱ. ①方… Ⅲ. ①移动电子商务－中等专
业学校－教材 Ⅳ. ①F713.36

中国国家版本馆CIP数据核字(2023)第051306号

内 容 提 要

本书系统地介绍了移动商务的基础知识，包括移动商务的概念、类型、特点、应用、运营模式、
岗位等，以及移动商务技术、移动支付、移动营销、短视频营销和直播营销、移动商务安全等方面的
知识。本书知识全面，案例丰富，将理论与实践紧密结合，还配有丰富的二维码拓展资源，以供读者
学习。

本书可以作为中等职业学校移动商务、电子商务及市场营销等专业相关课程的教材，也可以作为
从事电子商务、移动商务相关工作人员的参考书。

◆ 主　　编　方　英
　　副主编　刘亚男
　　责任编辑　白　雨
　　责任印制　王　郁　彭志环
◆ 人民邮电出版社出版发行　　北京市丰台区成寿寺路 11 号
　　邮编　100164　电子邮件　315@ptpress.com.cn
　　网址　https://www.ptpress.com.cn
　　山东华立印务有限公司印刷
◆ 开本：787×1092　1/16
　　印张：12.5　　　　　　　　　　2023 年 6 月第 1 版
　　字数：218 千字　　　　　　　　2023 年 6 月山东第 1 次印刷

定价：42.00 元

读者服务热线：**(010)81055256**　印装质量热线：**(010)81055316**
反盗版热线：**(010)81055315**
广告经营许可证：京东市监广登字 20170147 号

CONTENTS

目 录

项目六　**维护移动商务安全**

项目一

走进移动商务时代

职场情境

　　小艾是一家电商公司的新员工。一天，她与李经理聊天时提到自己上大学时参加的一个实践项目——利用微信平台售卖手工饰品。虽然收益不多，但让她意识到了在手机上就能做生意。

　　李经理告诉小艾，她参加的这种实践项目属于移动商务，并表示自己已经关注移动商务领域很多年了，不仅专门研究过移动商务的相关知识，而且和朋友合作开展过移动商务创业活动。

　　小艾听了很高兴，告诉李经理自己对移动商务很感兴趣，恳请李经理带着她学习。

学习目标

知识目标
1. 了解移动商务的概念、类型、特点和应用。
2. 熟悉移动商务运营模式。
3. 熟悉各类移动商务岗位的职责和能力要求。

技能目标
1. 能够分辨移动商务的类型和应用。
2. 能够分辨移动商务运营模式。

素质目标
1. 深刻理解"建设全民终身学习的学习型社会、学习型大国"，树立终身学习的志向。
2. 培养移动商务岗位的职业道德。

任务一 了解移动商务

任务描述

李经理对小艾说："当前人们已经习惯于使用手机来满足衣食住行等各方面的需求，这在一定程度上促进了移动商务的发展。"小艾问道："那移动商务是否就是在手机上网购？"李经理说："你对移动商务的认识比较片面，让我给你'科普'一下移动商务的基础知识。"

任务实施

活动1 移动商务的概念

李经理为了启发小艾，要小艾说说自己平时使用手机购物的时间、地点。小艾说，有时在办公室，有时在家里，有时甚至在路边。李经理说，移动商务就是不分时间、地点的。

从广义上讲，移动商务是指能够通过移动终端设备随时随地获得的一切服务，涉及通信、娱乐、商业广告、旅游、紧急救助、农业、金融、学习等方面。从狭义上讲，移动商务是指利用手机、平板电脑等移动终端设备，连接互联网所进行的商务活动。移动商务使人们的商务活动可以打破时间、地点的限制，其具体内容包括线上线下的交易活动、在线电子支付、各种金融活动和相关的综合服务活动等。

活动2　移动商务的类型和特点

李经理说，随着移动互联网技术的成熟，各种商务活动都能在移动端实现，因此移动商务呈现多样化发展的态势，类型很多。此外，移动商务在发展过程中也呈现出许多特点。

1. 移动商务的类型

移动商务可以按业务的类型、面向用户的类型进行分类。

（1）按业务的类型分类

移动商务根据业务的类型，可以分为信息服务类、交易服务类、娱乐服务类和行业应用服务类。

① 信息服务类：指通过移动互联网提供的信息服务，主要包括移动信息服务（如新闻资讯、天气预报等）、移动电子邮件服务（见图1-1）和基于位置的服务（Location Based Services，LBS）等。

② 交易服务类：可以分为移动金融服务和移动购物服务两类。移动金融服务主要包括移动银行、移动支付、移动证券、移动保险（见图1-2）等。移动购物服务主要包括移动零售业务、移动票务（见图1-3）和移动拍卖业务等。

图1-1　移动电子邮件服务　　　图1-2　移动保险　　　图1-3　移动票务

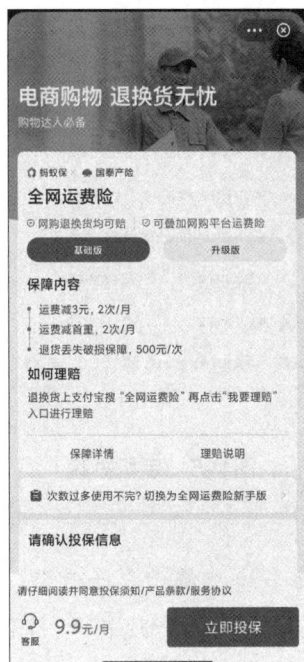

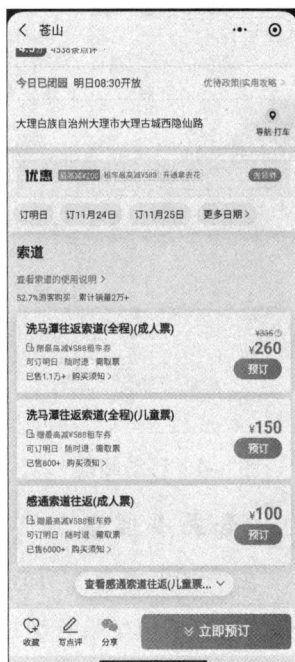

③ 娱乐服务类：主要包括移动音乐、移动阅读（见图1-4）、移动视频、移动游戏等服务。

④ 行业应用服务类：主要是指面向行业的专门的移动应用系统服务，如安全生产监控服务、公共事业缴费服务等。

（2）按面向用户的类型分类

移动商务根据面向用户的类型，可分为面向个人、面向企业、面向政府3类。

① 面向个人：包括面向个人提供的通信、社交、购物、新闻、理财和娱乐等服务。

② 面向企业：包括面向企业提供的移动办公、移动客户关系管理系统、移动营销、移动审批和移动数据采集等服务。

③ 面向政府：包括面向政府提供的政府部门之间的移动商务、政府对公务员的移动商务、政府对企业的移动商务（如手机办税，见图1-5）、政府对市民的移动商务（如在手机上办理户籍手续，见图1-6）等服务。

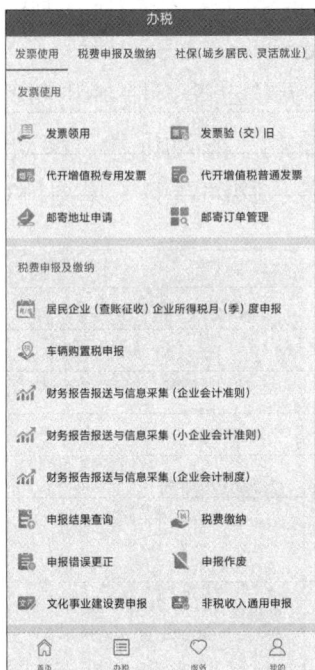

图1-4　移动阅读　　　　　图1-5　手机办税　　　　　图1-6　在手机上办理户籍手续

素养小课堂

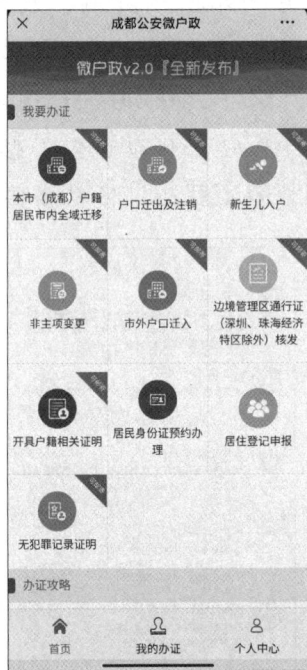

在手机上办税、办理户籍手续都属于电子政务。目前，我国正在大力推进电子政务，积极构建服务型政府，从而提高行政效率，降低行政成本，以形成运转协调、公正透明、廉洁高效的行政管理体制。

2. 移动商务的特点

移动商务经过不断发展和演进，逐步改变了传统的消费和交易方式，使"可移动化"的交易、支付活动渗透到人们生活的方方面面。移动商务具有以下特点。

（1）开放性。随着科技的发展，移动互联网获得普及，而移动商务是通过移动互联网接入的，用户只需要一部手机就能很容易地接触到移动商务，因而移动商务可以惠及广大人群，具有较强的开放性。

（2）即时性。移动商务活动通过移动终端进行，因此用户的商务活动不受时间和地点限制，用户不仅可以在移动的状态下工作、社交、购物等，而且在移动状态下产生的需求也能得到及时满足，如获得相关信息或相关服务。

（3）便捷性。移动终端体积小，操作简单，便于用户携带。此外，用户还可以通过移动终端具有的照相、截屏、存储等功能，保存产品的外观图片、支付详情等信息，这些信息都可以在用户购物或签订合同时通过移动终端得到及时传递和确认。

（4）连通性。具有相同爱好或兴趣的用户可以通过移动终端通信的方式方便地连接，形成一个个社交圈。企业也可以方便地在这些社交圈营销，同时能够及时获得用户的反馈信息，从而改善自身的产品或服务。

（5）可定位性。因为移动终端使用了全球定位技术，所以企业可以通过全球定位技术对手持移动终端的用户进行精准定位。

（6）提供个性化服务。在移动商务中，企业可以获取全面的用户信息，进而分析出用户的喜好和需求，然后为用户提供其需要的内容、产品和服务。例如拼多多根据用户的搜索、浏览记录判断出用户需要购买平价电饭煲，然后集中为其推荐多款高性价比的电饭煲。

（7）用户规模大。根据数据机构QuestMobile发布的《2022中国移动互联网春季大报告》，截至2023年2月末，国内移动互联网月活跃用户规模突破11.83亿人，月人均使用时长达到177.3小时，月人均使用次数达到2633次。因此，移动商务坐拥巨大的用户规模，而且用户活跃度很高。

（8）支付更方便快捷。移动商务采用移动支付手段进行支付，用户可以随时随地完成支付业务，支付更方便快捷。

（9）易于技术创新。移动商务领域因涉及互联网、无线通信、无线接入和软件等技术，并且其商务方式更加多元化、复杂化，因而在这些领域内很容易产生新的技术。

👤 活动3　移动商务的应用

小艾问李经理："在音乐软件上购买歌手的专辑，算不算移动商务？"李经理肯定地说："这就是移动商务。"移动商务目前已经渗透到人们生活的方方面面，涉及的领域非常广泛，包括移动娱乐、移动购物、移动金融、移动营销、移动办公、移动教育和移动医疗等。

1．移动娱乐

手机是具有娱乐功能的移动终端，智能手机的普及带动了移动商务在娱乐领域的应用。例如，移动端微信、QQ等以即时沟通为主要功能的娱乐服务，移动端微博、新闻等以信息服务为主的娱乐服务，移动端音乐、游戏和视频等以纯娱乐为主的娱乐服务。图1-7所示为移动端音乐的典型应用——网易云音乐应用程序（Application，App）的界面。用户可以使用该App播放歌曲、购买专辑和演唱会门票，也可以使用音乐社交、在线KTV等服务。

2．移动购物

借助移动商务，用户可以随时随地网上购物，如购买服装、电子产品、鲜花等。此外，用户还可以在淘宝App、京东App等移动商务平台中购买车票、机票、电影票和演唱会门票等。

3．移动金融

移动金融主要包括移动银行、移动股票和移动支付等。

（1）移动银行。用户可以通过网上银行App（如交通银行App）获取金融服务，如账户余额查询、转账付款、话费充值、水电气费缴纳等。

（2）移动股票。用户可以使用同花顺、大智慧等App进行金融信息的查询和浏览，以快速掌握金融市场动向。

（3）移动支付。用户可以使用网上银行App以及支付宝、云闪付等App进行移动支付。

4．移动营销

传统商务向移动终端的转移使营销也转向了移动终端。移动营销具有目标群体明确、信息传递及时和互动性强等特点，是目前非常流行的营销方式，包括LBS营销、App营销等。通过移动营销，企业可以更快速、方便地传递营销信息，加强与用户的互动。

5. 移动办公

移动办公摆脱了传统办公对工作时间和场所的限制，人们可以通过手机、平板电脑等移动终端登录移动办公平台，实现随时随地办公。移动办公的内容主要包括文件共享（见图1-8）、远程会议（见图1-9）、远程内部办公网络访问等。移动办公的典型平台是腾讯会议、飞书和钉钉。

图1-7 网易云音乐应用程序的界面 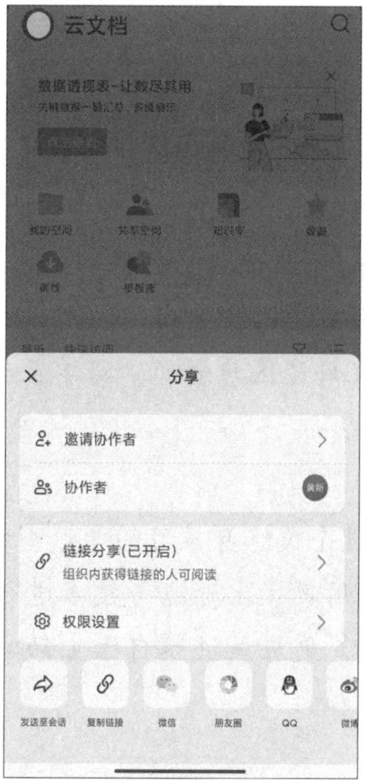　　图1-8 文件共享 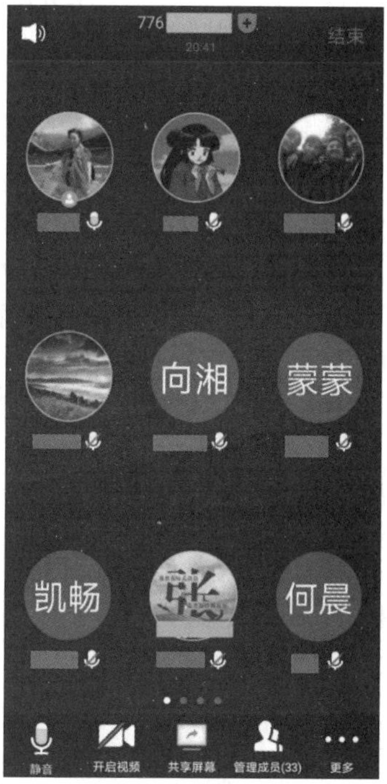　　图1-9 远程会议

动手做

体验腾讯会议App

在手机上下载并安装腾讯会议App，注册并登录后完成以下任务。

（1）在主界面点击"快速会议"按钮⚡，在打开的界面中点击 进入会议 按钮。

（2）进入会议界面，点击"更多"按钮☰，在打开的面板中点击"邀请"按钮，在打开的面板中点击"微信"选项，将会议链接发送给好友，邀请其加入会议。

（3）返回会议界面，点击"管理成员"按钮，点击 全体静音 按钮，点击后只有主持人能发言。

6. 移动教育

移动教育打破了传统教育的局限性，人们可以通过各种移动教育平台，利用零散时间进行碎片化学习。移动教育平台中教育资源丰富，人们学习时基本不再受内容限制；移动教育平台的交互功能强大，可以自动跟踪记录人们的学习过程，满足人们的个性化学习需求。移动教育的典型平台是网易云课堂、腾讯课堂、中国大学MOOC等。图1-10所示为腾讯课堂App主界面。

动手做

体验腾讯课堂App

在手机上下载并安装腾讯课堂App，注册并登录后完成以下任务。

（1）浏览腾讯课堂App中的课程，选择一门自己感兴趣的课程。

（2）报名该课程并学习其中的部分内容。

（3）观看直播课程，在评论区与老师、同学互动。

素养小课堂

"推进教育数字化，建设全民终身学习的学习型社会、学习型大国。"当前的社会是一个信息化社会，利用数字化资源与技术进行终身学习对于每个人来说都非常重要。尤其是当代青年，更应该培养自己主动学习的意愿和能力，借助互联网上丰富的资源来提升自我。

7. 移动医疗

移动医疗是指通过移动互联网技术平台提供医疗健康服务，其应用主要包括可穿戴设备与移动医疗平台两部分。

（1）可穿戴设备。可穿戴设备可以长期收集用户的健康数据，并通过相关App分析用户的身体状况，判断用户可能存在的健康风险，提醒用户提早预防或诊治。图1-11所示为华为手环监测到的用户健康数据。同时，根据可穿戴设备记录的数据，医生也更容易制定出有针对性的治疗方案。

（2）移动医疗平台。目前，移动医疗平台已经打通医疗诊前、诊中与诊后的全过程，例如，诊前的挂号、建档、咨询、导诊，诊中的诊断与治疗，诊后的慢性病管理等。患者在移动医疗平台上不仅可以挂号、问诊、买药，还可以查看医学知识。目前典型的移动医疗平台有平安健康、春雨医生等。图1-12所示为平安健康App主界面。

图1-10　腾讯课堂App主界面

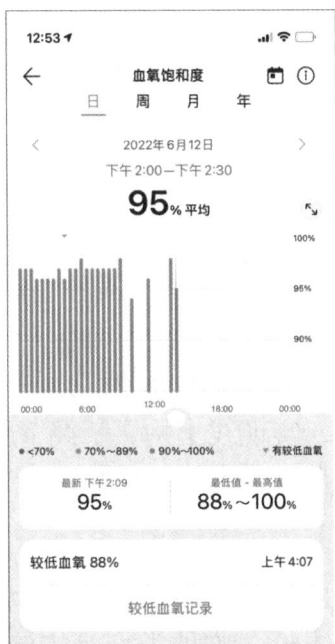

图1-11　华为手环监测到的
用户健康数据

图1-12　平安健康
App主界面

动手做

辨别移动商务应用场景

请将下列场景与其对应的移动商务应用连起来。

与外地同事开网络会议　　　　　　　　移动娱乐

通过手机观看视频　　　　　　　　　　移动金融

通过手机买卖理财产品　　　　　　　　移动办公

在手机上购买电影票　　　　　　　　　移动医疗

通过手机挂号　　　　　　　　　　　　移动购物

任务二　认识移动商务运营模式

任务描述

　　小艾认为，移动商务的应用很广泛，但总体来看，移动商务都是在移动端购买各种产品，其中实体产品通过物流送到家，虚拟产品在线上使用。李经理说："我现在在手机上购买一张理发店的优惠券，下班后去理发也是移动商务的应用，它和你说的情况就不太一样，这是因为移动商务运营模式很多，你需要全面了解。"

任务实施

👤 活动1　O2O模式

小艾听了李经理的话，感叹现在线下服务也能在线上购买了。李经理提醒小艾说，这其实是移动商务的线上对线下交易（Online To Offline，O2O）模式。具体来说，O2O模式是指将线下的商业机会与互联网结合在一起，让互联网成为线下交易的"前台"，实现线上购买、线下服务。O2O模式主要针对在网上无法实际体验或使用的服务和项目，如理发、美容、美食、旅游等。

1. O2O模式的类型

随着O2O模式在实践中的应用，形成了下面两种基本类型。

（1）线上交易，线下体验。这种类型是主流O2O模式，线下实体店在O2O平台（服务提供商）中发布信息吸引用户，用户在手机上通过O2O平台购买线下实体店的代金券、套餐券等，获取凭证并持凭证到线下实体店消费，消费后使用凭证进行支付。交易结束后，线下实体店与O2O平台就该笔交易进行结算，O2O平台获得一定比例的佣金，线下实体店获得剩余款项，其交易流程如图1-13所示。

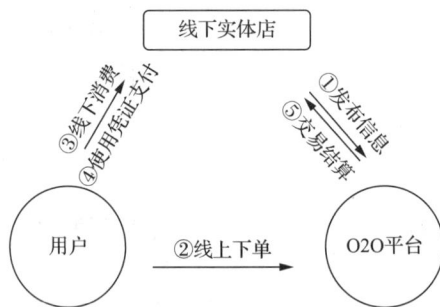

图1-13　交易流程

（2）线下营销，线上交易。这种类型被广泛应用于传统的线下商家。在移动营销的大趋势下，很多传统的线下商家开始利用移动互联网搭建自己的移动商务平台，将线下流量引至线上，拓展线上市场。例如，超市在醒目位置展示线上商城小程序的二维码，引导用户使用手机扫码成为会员，以后通过线上商城小程序下单，如图1-14所示。

图1-14 引导用户线上下单

> **经验之谈**
>
> 随着O2O模式的发展，很多商家或O2O平台已经打通了线上与线下渠道，如用户在线上购买代金券、线下消费后又返回线上对商家的产品或服务做出评价，并分享到社交平台，形成从线上到线下再到线上的闭环，其典型代表是美团。

2. O2O模式的优势

O2O模式可以结合线上和线下渠道，其对于用户、商家和O2O平台而言都有一定优势。

（1）对用户而言：O2O模式可以提供丰富、全面、及时的商家折扣信息，用户可以在线向商家咨询并进行预购，同时享受到与线下直接消费相比较低的价格。

（2）对商家而言：O2O模式为商家了解用户购物信息提供了渠道，商家可以获得更多宣传和展示的机会，方便收集用户的购买数据，从而更好地留存并拓展用户。同时，商家可以借助O2O模式进行线上引流，因此可以不将实体店开在繁华地段，从而减少租金支出。

（3）对O2O平台而言：O2O模式可以为O2O平台带来大量高活跃度的用户，进而为平台争取到更多的商家资源。O2O平台可以根据用户和商家的需求、市场环境的变化开发和提供更多的增值服务，从而增加收益。

活动2 平台电商模式

小艾说自己以前习惯在个人计算机（Personal Computer，PC）上购物，但自从在手机上使用淘宝App购物后，感觉很方便，就一直在手机上购物。李经理表示这符合电商行业的发展趋势。在传统的以PC端为主的时期，淘宝、京东、苏宁易购等电商平台为用户和商家提供了交易场所和相关的交易服务。而在移动互联网时代，用户的网络使用习惯发生了变化，逐渐从PC端转向了移动端。在这样的背景下，这些电商平台也将自身业务移植到了移动端，形成了平台电商模式的移动商务。

平台电商模式的移动商务实际上是传统PC电商移植到移动端的产物，因此，从本质上看，平台、商家、供应链以及运作流程并没有太多变化。平台电商模式的移动商务同样有企业与企业之间的交易（Business To Business，B2B）、企业与用户之间的交易（Business To Customer，B2C）、用户与用户之间的交易（Customer To Customer，C2C）等类别。

移动B2B的代表是阿里巴巴App（见图1-15），移动B2C的代表是京东App、拼多多App，移动C2C的代表是闲鱼App。其中，拼多多App是一个纯移动端的综合性电商平台，主打平价产品，其通过拼单（见图1-16）、邀请好友砍价（见图1-17）等方式促使用户将产品相关链接分享到QQ、微信等社交平台，从而获得了大量的用户。

图1-15　阿里巴巴App　　　　图1-16　拼单　　　　图1-17　邀请好友砍价

平台电商模式的移动商务相对于传统PC电商的变化主要体现在以下两个方面。

1．针对移动端特点进行优化

移动端具有屏幕较小、竖屏浏览、主要依靠手指操作的特点，平台电商模式的移动商务对此进行了如下优化。

（1）针对屏幕较小：移动端界面减少了信息量，并突出重要信息，确保重要的内容在一屏内就可以看到。例如，相对于飞猪PC端界面（见图1-18），飞猪App机票查询界面（见图1-19）突出了航班时间、机票价格、起飞和降落机场等重要信息，用户只有点击某一航班进入下一个界面，才能看见"订票"按钮及可供选择的机票卖家。

图1-18　飞猪PC端界面

（2）针对竖屏浏览：平台和商家会大量使用竖屏大图（见图1-20）或竖屏短视频展示产品（见图1-21），以提升用户的购物体验。

（3）针对手指操作：手指操作的精准度不如鼠标，因此移动端界面中，元素的尺寸和间距都比PC端的大，以避免用户错误操作。

2．载体多样化

传统PC电商主要依托于网页，而平台电商模式移动商务的载体更加多样化，包括App、小程序和H5等，用户通过这些渠道都可以完成移动端购物。例如，京东在移动端的载体就有京东App（见图1-22）、京东购物微信小程序（见图1-23）、京东超市H5（见图1-24）等。

图1-19　飞猪App机票查询界面

图1-20　竖屏大图

图1-21　竖屏短视频

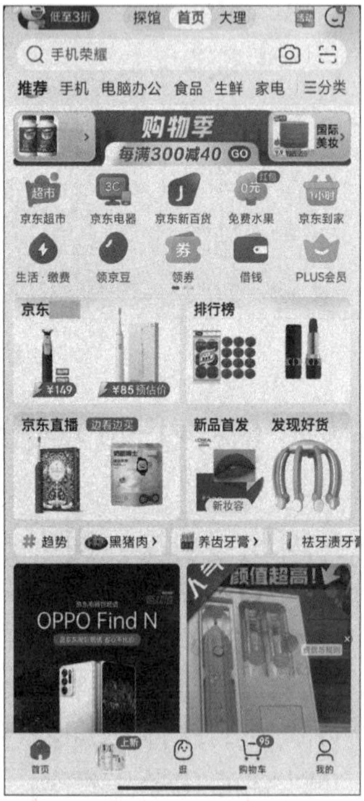

图1-22　京东App

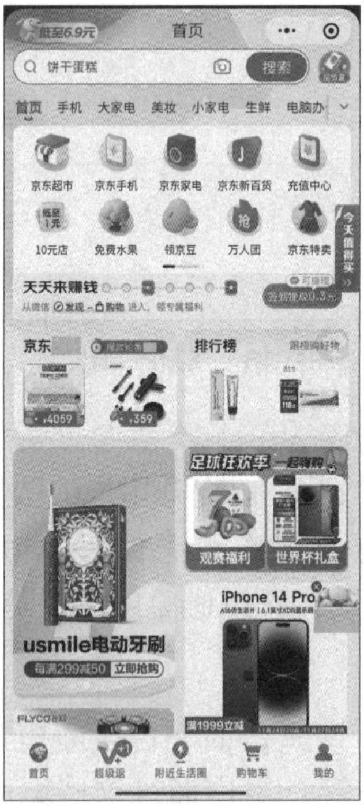

图1-23　京东购物微信小程序

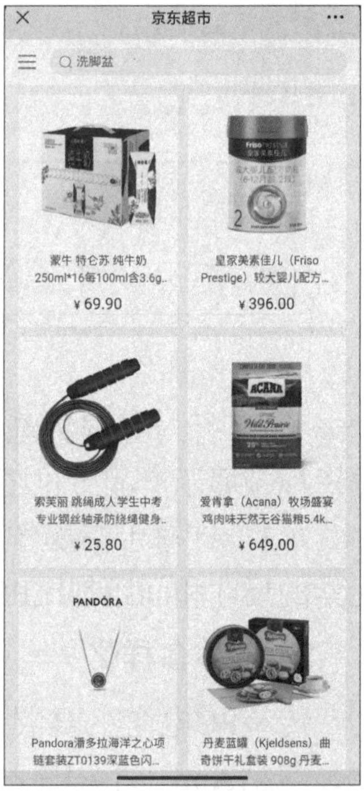

图1-24　京东超市H5

活动3　C2B模式

小艾最近在网上看上了一双便宜的鞋子，下单后才发现是预售，40天后才能发货。小艾有点郁闷。李经理安慰她说，虽然等得久一点，但也享受了更低的价格。这种模式属于用户与企业之间的交易（Customer to Business，C2B）。C2B模式可以宽泛地理解为由用户（Customer）发起需求，企业（Business）进行快速响应的商业模式，即用户需要什么，企业就生产什么。C2B模式的关键点是用户从被动的响应者变为主动的决策者。

在移动商务中，C2B模式常见的形式是通过预售、团购、众筹（典型平台是摩点App，见图1-25）等方式将零散的用户需求集中起来，根据收集到的需求进行生产，使商家的产品产量与用户的需求匹配，避免供过于求，降低商家的库存风险。

📑 经验之谈

C2B模式除了可以单独应用外，还可以与其他模式（如B2B、B2C、新零售）结合，产生各种定制化产品，即企业按照用户的个性化需求来定制产品，如在T恤上印上个人签名、Logo，或按照用户提供的尺寸生产家具等（见图1-26）。由于生产成本较高，此种形式目前还没有普及。

图1-25　摩点App

图1-26　定制家具

活动4　新零售模式

最近小艾家附近开了一家盒马鲜生，小艾逛了以后向别人分享其购物体验。李经理说，盒马鲜生是新零售模式的典型代表。在移动互联网与智能终端大幅度普及，以及大数据、人工智能等技术快速发展的背景下，新零售模式应运而生。新零售是一种全新的零售形态，是利用信息通信技术和互联网平台，深度融合互联网与传统行业，创造出的新的发展生态。新零售可总结为：企业以互联网为依托，运用大数据、人工智能等先进技术手段，对产品的生产、流通与销售过程进行升级改造，进而重塑业态结构与生态圈，并对线上服务、线下体验以及现代物流进行深度融合的零售新模式。

1．新零售带来的变革

新零售之所以"新"，是因为其对传统零售业进行了颠覆性的变革，具体体现在以下方面。

（1）对"人""货""场"的重构

传统零售竞争的本质是"人""货""场"的竞争，而新零售的一大突破就是对"人""货""场"三要素进行了重构。

①"人"：指用户。传统零售面对的是用户同质化的需求，而新零售更注重用户多元化、个性化的需求，借助用户数据来获取市场信息，优化生产经营决策，使得用户从"被动需求者"转变为"市场参与者"。

②"货"：指企业生产或销售的产品。在新零售模式下，传统的、标准化的产品升级为高价值产品以及无形的产品（个性化的服务）。产品的价值也不再单纯地指使用价值，还包含了产品给用户带来的便利性、社交价值以及其他情感价值等。例如，盒马鲜生的农产品经过精心包装，展示在精致、整洁的货架（见图1-27）中，让用户不知不觉地产生购买盒马鲜生的产品就能提升生活品质，并彰显自己的品位的想法。

图1-27　盒马鲜生货架

③"场"：指消费场景。在新零售中，消费场景已不再是单纯的交易场所。例如，在盒马鲜生门店中，消费场景围绕用户的综合消费需求，覆盖了产品销售场所、餐饮场所（见图1-28）、咖啡茶饮场所等。此外，随着各种新技术的广泛应用，新零售门店引入了智能屏幕、智能货架、智能收银系统等物联设备，通过多种智能硬件拓展了消费场景，提升了用户的消费体验。例如，某服装品牌新零售门店引进了智能屏幕（见图1-29），只要用户站在智能屏幕前，智能屏幕就会自动完成对用户身材的识别。用户可以通过触摸屏选择自己喜欢的服饰，智能屏幕上会根据用户的操作出现用户虚拟试穿的画面。

图1-28　盒马鲜生门店中的餐饮场所

图1-29　智能屏幕

（2）实现"产""供""销"一体化

重构"人""货""场"只是新零售变革的基础部分，更重要的是新零售带动了"产""供""销"一体化。其中，"产"指产业链，"供"指供应链，"销"指借助大数据技术进行营销，"产""供""销"一体化简单来说就是企业自己生产产品，再通过自己的营销渠道来精准推广、销售产品，省掉代理商代理这个中间环节，进而提高利润。例如，部分新零售企业在收集、处理用户需求的基础上，自行建立生产基地或委托生产商生产产品，然后通过线上渠道，根据用户喜好将这些产品推荐给需要的用户，引导用户在线上下单或前往实体门店体验后下单，从而实现销售。

2. 新零售的运作

新零售将线上与线下渠道打通，兼具二者的优势，能够给用户良好的购物体验。此外，新零售还整合了产业链的各个环节，提升了对产品质量的把控力。这里以生鲜新零售代表盒马鲜生为例，从线上、线下、线上线下一体化、"产""供""销"一体化4个方面介绍新零售的运作。

（1）线上。盒马鲜生的线上端主要由盒马App来承载。用户可以直接在盒马App上选购产品（见图1-30），一般情况下，用户下单后30分钟内，盒马鲜生即可配送到家。而且用户在盒马鲜生门店内看到的任一产品都可在盒马App中找到同款，并下单配送到家。盒马App还开辟了社交板块，用户可以在该板块中发布与美食相关的内容，并与其他用户互动，如图1-31所示。此外，用户还可以在盒马App中进行个人账号管理，包括查看红包卡券、余额、订单情况，申请退换货，付费成为会员等，如图1-32所示。

图1-30　盒马App界面 　　　图1-31　盒马App社交板块 　　　图1-32　个人账号管理

（2）线下。盒马鲜生实体门店引入餐饮场所，为海鲜等生鲜产品配备了代加工服务，让用户在店内即可享用新鲜的美食，而且延长了用户在店内的停留时间，增强了用户黏性。此外，盒马鲜生实体门店还采用了前置仓。一收到线上订单，拣货员便立即使用专用购物袋开始拣货，拣货完成后通过传送带（见图1-33）将专用购物袋输送到下一位拣货员那里，依次拣货完成后，再将货物传送到后仓进行打包、安排配送，确保货物能快速送到用户手中。

图1-33 盒马鲜生传送带

知识窗

前置仓是一种新型的仓配模式。在该模式下，每个门店都作为一个中小型的仓储配送中心来运作，总部大仓只需定时对门店供货，由门店来覆盖商家到用户的最后一公里。用户下单后，由附近的门店发货，以保证产品在较短的时间（比如30分钟）内送到门店附近3公里范围内的用户手中。前置仓的优势是可以使产品的配送更加及时，同时降低配送成本。

知识窗

（3）线上线下一体化。盒马鲜生线上线下一体化的关键是电子价签（见图1-34）。盒马鲜生通过电子价签将线上线下销售的产品进行统一管理，覆盖采购、入库、上架、取货、打包、配送等全流程，全面涉及产品的变价、促销、积分和库存等信息，这样不仅有助于实现线上线下同价，还能及时更新线上库存，避免缺货却仍可以下单的情况出现。用户在盒马鲜生实体门店中选中某款产品，还可以扫描产品上的电子价签，查看产品具体信息，并跳转到盒马App进行线上下单。此外，盒马鲜生线上线下采用统一的会员管理体系，只要用户付费成为会员，不论是在线上还是线下消费均可享受相关权益，如会员专享价、会员日8.8折、购物返积分等。

经验之谈

电子价签还有助于企业收集产品的数据，并进一步通过数据分析洞察市场需求，从而提供有用的决策参考。

图1-34　电子价签

（4）"产""供""销"一体化。盒马鲜生打造了自有品牌"日日鲜""盒马工坊"等（见图1-35），覆盖农副产品、鲜食、饮料等品类。盒马鲜生深入原材料产地，找到原材料优质供应商，并与优质代工厂合作（盒马鲜生在合作中处于主导地位，深度参与工艺流程、包装设计、配料表制定等环节），然后将生产出的产品放到线上线下渠道进行销售。同时盒马鲜生还借助大数据，不断洞察用户的消费习惯和消费喜好，针对用户的需求研发、优化产品，使产品获得更多用户的认可。

图1-35　盒马鲜生自有品牌

任务三 了解移动商务岗位

任务描述

虽然小艾在公司不负责移动商务方面的工作，但她需要与移动商务岗位的同事进行协作，因此李经理认为小艾应该对移动商务岗位有基本的了解，包括岗位的职责和能力要求。

任务实施

👤 活动1 移动商务岗位的职责

移动商务涉及很多工作，这些工作需要不同岗位的员工分工合作，不同岗位有不同的职责。

1. 移动营销类岗位的职责

移动营销类岗位主要负责在移动端开展营销，其主要职责如下。

（1）明确营销目标，收集市场及竞争对手的信息。

（2）制定微信、微博、抖音等平台的营销策略，提升品牌或产品的影响力。

（3）负责App/小程序的策划、设计和功能调研，使用各种营销策略提升App/小程序的用户量和用户活跃度。

（4）制订LBS营销计划，针对目标用户开展LBS营销。

（5）统计并分析营销数据，实时调整营销策略，总结营销活动。

2. 移动端UI设计类岗位的职责

UI（User Interface）即用户界面。移动端UI设计的效果对用户体验有很大的影响，因此移动端UI设计类岗位非常重要，其主要职责如下。

（1）负责安卓和iOS系统的App/小程序界面和图标设计。

（2）负责App/小程序的设计，并不断优化界面，提高App/小程序界面的美观度和用户使用体验。

（3）统筹H5的视觉制作，完成H5创意设计，对H5的整体视觉呈现效果进行把控。

3. 新媒体运营类岗位的职责

当前微信、微博、抖音、小红书等移动新媒体平台非常热门，很多企业会在新媒体平台上开设账号，以推广自己的产品，为用户提供服务或拉近与用户的距离。因此，新媒体运营类岗位需求量很大，其主要职责如图1-36所示。

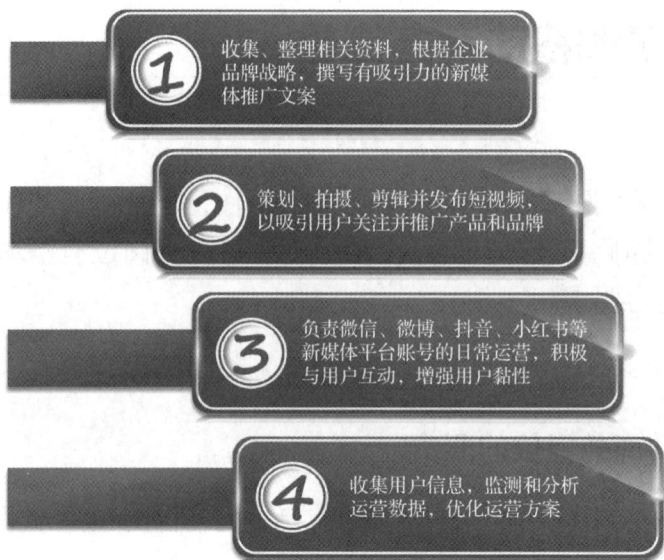

图1-36　新媒体运营类岗位职责

4. 移动网店运营类岗位的职责

当前用户的网购习惯从PC端转向移动端，移动网店已成为主流，因此移动网店运营也是移动商务中的一个重要岗位，其主要职责如下。

（1）负责移动网店（微店、手机淘宝店、小程序网店等）的日常维护，包括选品、产品上下架、经营数据分析、网店装修、网店优化等。

（2）制定移动网店促销方案，定期评估促销效果并及时调整促销方案。

（3）使用营销工具对移动网店进行推广，并根据数据表现优化营销策略。

活动2　移动商务岗位的能力要求

小艾了解了移动商务岗位的职责后，很佩服移动商务岗位的同事。李经理说，移动商务岗位确实需要员工具备一定的能力。下面就具体介绍一下移动商务岗位的能力要求。

1. 移动营销类岗位的能力要求

移动营销类岗位对于从业者的分析能力、宏观把控能力要求较高，具体能力要求如下。

（1）具备资料收集能力和市场分析能力，能够收集并分析各种信息。

（2）熟悉并能够独立运用各类网络营销手段，针对产品或服务进行营销。

（3）具备创新意识和互联网思维，具有较强的学习能力、适应能力，对网络新鲜事物较为敏感。

2. 移动端UI设计类岗位的能力要求

移动端UI设计类岗位强调创造性和审美能力，其具体能力要求如图1-37所示。

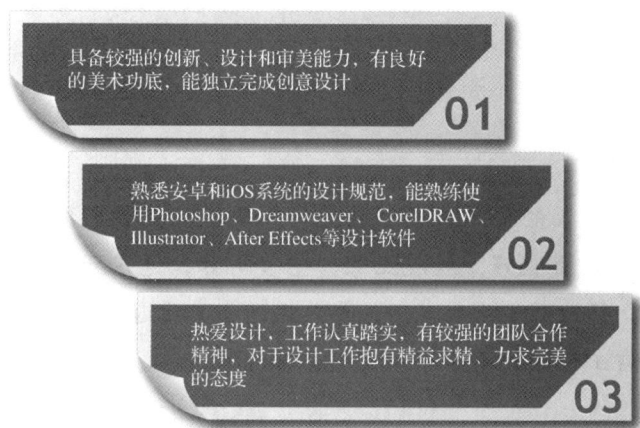

图1-37 移动端UI设计类岗位能力要求

3. 新媒体运营类岗位的能力要求

新媒体运营类岗位的员工在工作中既需要进行宏观的策划、分析，又需要完成具体的工作，其具体能力要求如下。

（1）具备一定的策划能力，包括对运营内容和方式的定位、对运营渠道的确定等，能够策划出对用户有吸引力的活动。

（2）具备较强的内容创作能力，包括短视频制作能力和文案写作能力，能够自如地运用书面语言进行表达，灵活地转换文案语言风格，善于利用图片、音乐、视频、超链接等元素丰富文案，同时掌握一定的图文排版技能。

（3）善于整合各种网络资源，对于网络热点（如网络热点话题、网络热点词汇、网络热点表情包等）具有较高的敏感度，并能快速做出反应，自然地将企业产品或品牌精神与网络热点结合起来，打造具有吸引力的运营内容。

（4）能够使用新媒体平台的数据分析功能和第三方数据分析平台（如百度指数、蝉妈妈等）分析新媒体运营数据，包括内容阅读量、点赞数、转发数，账号新增粉丝数等，进而把握用户的喜好和需求。

4. 移动网店运营类岗位的能力要求

移动网店运营类岗位涉及的工作面很广，其具体能力要求如下。

（1）熟悉主流电商平台的运营流程及规则，能够完成网店的日常维护工作。

（2）能灵活地运用电商平台的各种推广工具来提升网店的流量并优化销售数据，能够通过各种手段为小程序网店引流。

（3）具备一定的数据分析能力，能对网店中的产品标题、主图、详情页等进行优化。

（4）能够通过建立会员体系等方式增强用户黏性，培养忠实用户。

（5）具备一定的法律意识、互联网思维以及创新精神，具有较强的自学能力、沟通能力和团队协作意识。

素养小课堂

除了职业能力方面的要求，移动商务岗位还对从业者的职业道德提出了如下要求：坚持原则、忠于职守、兢兢业业、吃苦耐劳、遵纪守法、正直诚信、提升自我、勤奋学习。移动商务从业者不仅要熟记这些职业道德，还要将其落到实处，将其真正作为日常工作的规范。

同步实训

实训一　体验移动购物

实训描述

本次实训要求同学们使用淘宝App体验移动购物，包括浏览、搜索产品，将产品加入购物车，下单并完成支付。

操作指南

使用淘宝App体验移动购物，可以参考以下步骤进行操作。

微课视频

体验移动购物

步骤01 打开淘宝App，点击首页的搜索框，在其中输入"保温杯"，搜索框下方将出现与之相关的关键词，这里点击"保温杯大容量"选项，如图1-38所示。

步骤02 在打开的界面中浏览搜索结果，如图1-39所示，点击一个产品。

步骤03 打开该产品详情页，向下滑动屏幕查看产品的详细信息，包括"宝贝评价"（见图1-40）"买家秀""问大家""宝贝详情"，了解该产品的设计、质量、使用方法、使用效果、材质、尺寸等信息。

步骤04 点击按钮回到产品详情页顶部，点击"选择"栏中的 > 按钮，在打开的面板中查看保温杯的颜色分类，点击其中一个选项，然后点击 加入购物车 按钮，如图1-41所示。

步骤 05　返回淘宝App首页，点击"购物车"按钮 🛒，在打开的"购物车"界面中点击刚添加的产品对应的复选框，然后点击 结算 按钮，如图1-42所示。

步骤 06　在打开的"确认订单"界面中点击收货地址，在打开的"我的收货地址"界面中点击需要的收货地址，返回"确认订单"界面，确认订单信息，然后点击 提交订单 按钮，如图1-43所示。

图1-38　搜索"保温杯"

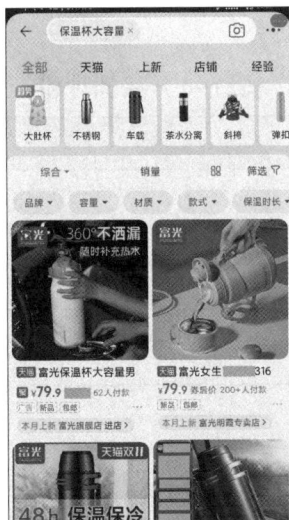

图1-39　搜索结果

图1-40　查看"宝贝评价"

图1-41　选择颜色分类

图1-42　"购物车"界面

图1-43　确认订单信息

步骤 07 打开支付宝的支付页面，点击 ▷ 按钮，在打开的面板中选择一种支付工具，返回支付宝支付面板，点击 确认交易 按钮即可完成订单支付。此后商家将根据订单打包货物，将包裹送交快递公司，由快递公司负责承运。

💬 实训评价

同学们完成实训操作后，提交操作截图，老师据此按表1-1所示内容进行打分。

表1-1 实训评价

序号	评分内容	总分	老师打分	老师点评
1	是否搜索出了相应的产品	30		
2	是否将产品加入了购物车	30		
3	是否提交了订单并支付	40		

得分：＿＿＿＿＿＿＿

👤 实训二　制定移动商务岗位的职业规划

📋 实训描述

本次实训要求同学们进行自我分析，然后选择一个移动商务岗位，进入BOSS直聘等招聘网站，搜索该岗位的人才需求情况，制定职业规划，并完成表1-2。

表1-2 职业规划表

项目	具体内容
自我分析	性格特征：
	兴趣爱好：
	职业能力：
	职业价值观：
	目标岗位：

项目	具体内容
当地企业招聘情况	招聘企业数量：
	月薪范围：
	需要具备的素质和技能：
职业生涯目标	
实施计划	

✖ 操作指南

制定移动商务岗位的职业规划，可以参考以下步骤进行操作。

步骤01　自我分析。从性格特征、兴趣爱好、职业能力、职业价值观等方面进行自我分析。例如，"本人活泼开朗、思维活跃，喜欢绘画、读书和拍摄视频，有较强的审美能力和创新能力，能熟练运用Photoshop等设计软件，认为创新是实现自我价值的有效途径"。

步骤02　确定目标岗位。根据自我分析的结果，确定自己比较适合的移动商务岗位，如移动端UI设计类岗位。

步骤03　进入BOSS直聘官方网站，在搜索框中输入"移动端UI设计"并搜索，打开搜索结果页，查看相关招聘企业数量、月薪范围、需要具备的素质和技能。图1-44所示为某企业发布的UI设计师的招聘信息。

步骤04　根据自己的实际情况制定职业生涯目标，分为短期（1～2年内的目标）、中期（3～5年内的目标）和长期（5年以上的目标）。例如，短期目标是毕业后3个月内顺利找到一份移动端UI设计工作；中期目标是3年内晋升移动端UI设计主管；长期目标是自己创办设计公司，实现财务自由。

步骤 05 制订计划。根据个人短期目标，衡量目前自己距离实现目标的差距，制订提升计划，如每周完成一个设计作品，每学期参加一个UI设计培训班，每天浏览UI设计师网站学习优秀UI设计作品等。

步骤 06 根据上述信息形成职业规划表，并完成表1-2。

图1-44 UI设计师的招聘信息

💬 **实训评价**

同学们完成实训操作后，提交表1-2，老师据此按表1-3所示内容进行打分。

表1-3 实训评价

序号	评分内容	总分	老师打分	老师点评
1	自我分析是否明确、全面	20		
2	查询的岗位信息是否全面	20		
3	制定的职业生涯目标、实施计划是否合理	60		

得分：＿＿＿＿＿＿

项目总结

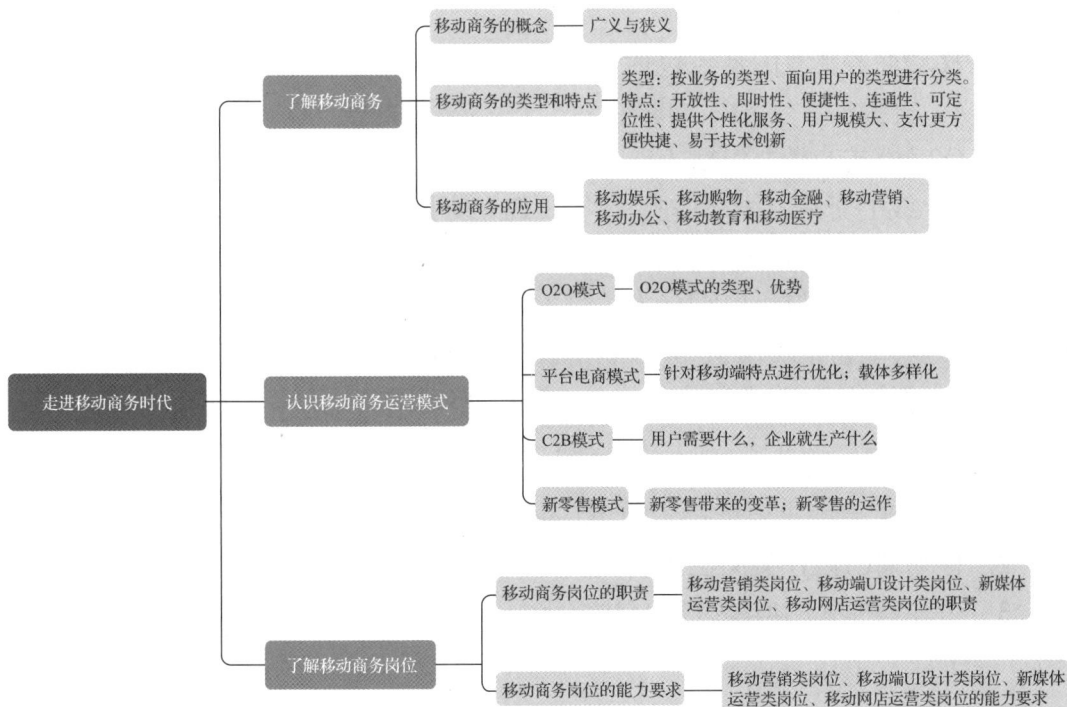

课后习题

一、单选题

1. 在手机上听音乐属于（　　　）应用。

A. 移动娱乐　　B. 移动金融　　C. 移动办公　　D. 移动教育

2. （　　　）模式是指将线下的商业机会与互联网结合在一起，让互联网成为线下交易的"前台"，实现线上购买、线下服务。

A. B2C　　　　B. O2F　　　　C. O2O　　　　D. C2C

3. （　　　）模式可以宽泛地理解为由用户发起需求，企业进行快速响应的商业模式，即用户需要什么，企业就生产什么。

A. C2O　　　　B. C2B　　　　C. C2C　　　　D. C2F

4. 下列关于新零售模式的说法，不正确的是（　　　）。

A. 消费场景只是单纯的交易场所

B. 将线上与线下渠道打通

C. 重视用户的个性化需求

D. "产""供""销"一体化是发展趋势

二、多选题

1. 移动商务具有的特点包括（　　）。

　　A. 开放性　　　B. 即时性　　　C. 连通性　　　D. 便捷性

2. O2O模式的类型包括（　　）。

　　A. 线上交易，线下体验　　　　B. 线下营销，线上交易

　　C. 线上体验，线下交易　　　　D. 线上营销，线上体验

3. 移动商务岗位可以细分为（　　）。

　　A. 移动营销类岗位　　　　　　B. 移动端UI设计类岗位

　　C. 新媒体运营类岗位　　　　　D. 移动网店运营类岗位

三、判断题

1. 传统PC电商主要依托于网页，而移动端的载体更多样化。　　（　　）

2. 移动端UI设计类岗位需要负责App/小程序的设计。　　（　　）

3. 新零售模式的典型代表是拼多多。　　（　　）

项目二
了解移动商务技术

职场情境

　　小艾经过写字楼门禁时，看见有人拿手机在刷卡感应区刷了一下门就开了，她心想：这手机好神奇，有了它就不用随身携带门禁卡了。她把这件事告诉李经理，李经理说这种手机有近场通信（Near Field Communication，NFC）功能，只需把门禁卡信息录入手机，就可以刷手机进出写字楼了。其实，近年来包括NFC在内的移动商务技术有了很多应用成果，为人们的生活带来了便利，大大推动了移动商务的发展，因此李经理觉得有必要给小艾好好讲讲这方面的知识。

学习目标

知识目标

1．熟悉二维码、RFID、NFC的相关知识。

2．熟悉LBS的含义、发展历程、定位原理和应用。

3．掌握云计算、大数据和物联网的相关知识。

4．掌握H5的含义、特点、类型和应用场景。

技能目标

1．能够分辨二维码、RFID、NFC、LBS、云计算、大数据和物联网应用的类别。

2．能够分辨H5的类型和应用场景。

素质目标

1．关注移动商务技术的发展，拓展知识面。

2．关注科技发展，培养科学文化素养。

任务一 了解二维码、RFID、NFC

任务描述

某天，公司到郊外进行团建，小艾坐李经理的车。小艾看见李经理的车经过收费站时没有停车就通过了。到了景区，李经理打开手机中的二维码在检票口扫了一下码就完成了检票。小艾对这两件事情很疑惑，李经理说收费站不停车缴费是射频识别（Radio Frequency Identification，RFID）的应用，电子检票是二维码的应用。它们和NFC一样，都是重要的移动商务技术。

任务实施

👤 活动1 二维码

当前，生活中到处都是二维码，在电商网站、产品的外包装、增值税发票、火车票、机票、各类公共场所以及电视上，人们都可以看到二维码的身影。在生活中，人们可以扫描二维码付款、添加好友、下载App。二维码技术对于移动商务而言非常重要。

1. 二维码的原理

二维码也称二维条码，它用某种特定的几何图形按一定规律在平面（二维方向）上分布形成的黑白相间的图形记录数据符号信息。二维码以二维码编码为基础。所谓编码，是指将汉字或数字字符转换成由"0""1"组成的代码序列（如01111001011）的过程，不论是图片、视频、音频，还是数字、字母，都可以通过编码转换成二进制代码。

二维码的前身是条形码。条形码（见图2-1）通过黑条、白条表示不同的代码序列，只能在一个方向上记录信息，所以条形码被称为一维码，其记录的信息比较有限。人们在条形码的基础上进行了拓展，同时在横、竖两个方向（即X轴、Y轴）上记录信息，就形成了二维码（见图2-2）。相较于条形码，二维码记录的信息量大幅度提升，具体来说，二维码可容纳多达1850个大写字母或2710个数字或1108个字节或500多个汉字，其信息容量比条形码高出约几十倍。在二维码中，黑色点（即"码元"）所在的位置代表的是"1"，没有黑色点的位置代表的是"0"。

图2-1　条形码

图2-2　二维码

💡 **知识窗**

上文介绍的二维码又称矩阵式二维码，此外还有一种较为少见的二维码，即堆叠式二维码（见图2-3）。其编码原理是建立在条形码基础之上的，即按需要将条形码堆叠成两行或多行。它在编码设计、校验原理、识读方式等方面继承了条形码的一些特点。

图2-3　堆叠式二维码

💡 **知识窗**

2. 二维码的结构

二维码包括码眼、定位图形、矫正图形以及存储数据区域，如图2-4所示，它们各自有不同的作用。

图2-4 二维码的结构

（1）码眼。码眼一般有3个，3个码眼的位置一确定，就可以确定二维码的大小。

（2）定位图形。定位图形用于确定X轴、Y轴的方向。

（3）矫正图形。矫正图形用来矫正二维码的形状。当二维码印刷在不平整的表面上，或者在扫描镜头下发生了畸变时，矫正图形就可以发挥作用。

（4）存储数据区域。存储数据区域是二维码除上述部分外的其他部分，它有一定的容错率（7%～30%），因此二维码即便被遮挡一部分也可以被准确识别。

经验之谈

二维码不能被遮挡关键部分，如码眼就一定不能被遮挡，否则无法被识别。此外，码元的形状可以不拘一格，只要其填充面积超过了78%，二维码就可以被很好地识别出来。因此可以利用这一点来进行二维码创意，将二维码的外观设计得更加美观、有新意，以增强二维码的趣味性和互动性。

3. 二维码的应用

随着智能手机和移动互联网的普及，二维码在移动商务中的应用已经非常广泛，具体包括以下方面。

（1）电子票务。随着移动商务的普及，很多用户习惯在线上购买景点、活动演出等的门票，购票后用户将收到二维码电子门票，验票时出示二维码即可，如图2-5所示，这大大提高了验票的效率，同时让售票、检票、统计等过程都能通过计算机系统来进行处理，有利于加强内部监管，杜绝各种舞弊行为。

（2）二维码会员卡。当前很多采取会员制的商家已经舍弃实体会员卡，而向用户发放经济环保的电子会员卡，其中一类便是二维码会员卡（见图2-6），二维码可以记录会员信息（包括会员卡卡号、会员积分和消费明细等），扫描该二维码即可验证用户的身份。

图2-5　电子门票　　　　　　图2-6　二维码会员卡

（3）电子提货券。电子提货券是用于提取指定货物的一种票据凭证，用户到线下实体门店刷电子提货券中的二维码即可提货。

（4）二维码付款。二维码付款是二维码十分常见、重要的一种应用，用户扫描二维码可以完成支付。

（5）餐厅点餐。用户在餐厅落座后，扫描桌上的二维码即可在手机上查看菜单并完成点餐。

（6）产品溯源。当前很多产品（如农产品、化妆品、药品等）包装上会有一个产品溯源二维码，用户使用手机扫描后就可以查看产品整个生产过程的信息，如图2-7所示。

（7）产品延伸介绍。部分商家将二维码印在产品实物、包装或宣传单上，用户扫描二维码即可查看详细的图片、文字、音频、视频等产品介绍内容。同时，二维码的内容还可以随时更新。

图2-7　产品溯源

（8）营销引流。当前，二维码在营销方面的应用非常普遍，企业通过引导用户扫描二维码，将用户引流至微信公众号、微信小程序、网上商城等，或者引导用户下载App，从而推广App。企业可以将二维码植入线上社交平台（如微博、微信等）的内容中，以吸引用户扫描二维码。图2-8所示为中国儿童艺术剧院在微博上引导用户扫描二维码进行购票。此外，企业也可以在线下（如通过户外广告、印刷品、产品包装等）展示二维码，通过醒目的文案吸引用户关注，然后通过强调利益等方式（如扫码领券、扫码送礼品等）引导用户扫描二维码，进入企业制作的营销界面，如图2-9所示。

图2-8　微博内容中植入的二维码

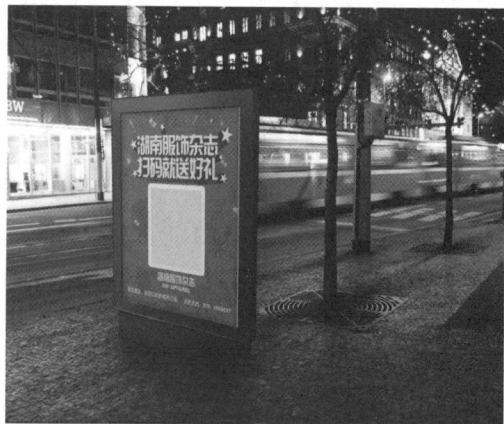

图2-9　户外广告中的二维码

　　二维码的应用还包括表单记录（见图 2-10）、证件验伪、就医问诊、交通车辆管理、固定资产管理（见图 2-11）、图书馆占座、会议签到等。

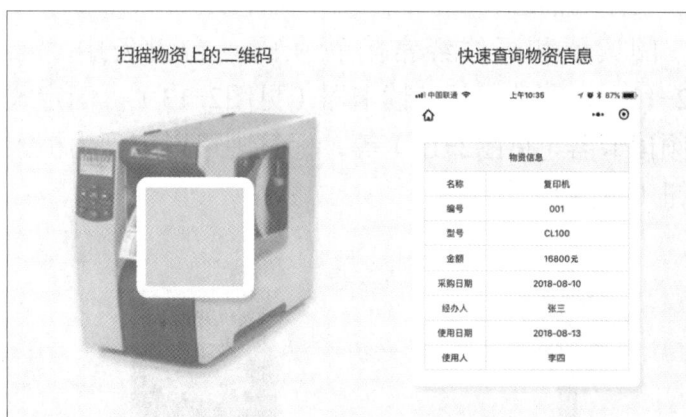

图2-10　表单记录

图2-11　固定资产管理

发现生活中的二维码

　　请搜寻生活中的各种二维码（来路不明的二维码除外），扫码后查看出现的内容，判断其属于二维码的哪一种应用。

👤 活动2　RFID

　　李经理了解到小艾想养狗，就告诉她现在深圳养狗要为狗植入芯片，否则将被视为无证养犬。小艾大吃一惊，李经理解释说为宠物植入芯片是为了防止宠物走失，是RFID的应用。

　　RFID是通过无线射频方式获取物体的相关数据，并对物体加以识别的一种非接触式自动识别技术。RFID可以识别静态物体以及高速运动的物体，可以实现数据远程读取，还可以在各种恶劣的环境中工作，这些优势让RFID在移动商务中得到了广泛的应用。

1．RFID系统的组成

完整的RFID系统由阅读器（Reader）、天线和标签（Tag）3个部分组成。

（1）阅读器。阅读器是将标签中的信息读出，或将标签所需存储的信息写入标签的装置。

（2）天线。天线用于在阅读器和标签之间传递射频信号。

（3）标签。标签附着在物体上，每个标签都具有唯一的电子编码，能够存储物体的信息，以供阅读器读取，进而识别物体。

阅读器和天线经常附着在同一台设备中，如蓝牙远距离读卡器（见图2-12）、移动式手持读卡器（见图2-13）、固定式读卡器（见图2-14）、超高频读卡器（见图2-15）等，标签则可以表现为植入式芯片（见图2-16）、信息钮（见图2-17）等。

图2-12　蓝牙远距离读卡器　　图2-13　移动式手持读卡器　　图2-14　固定式读卡器

图2-15　超高频读卡器　　　图2-16　植入式芯片　　　图2-17　信息钮

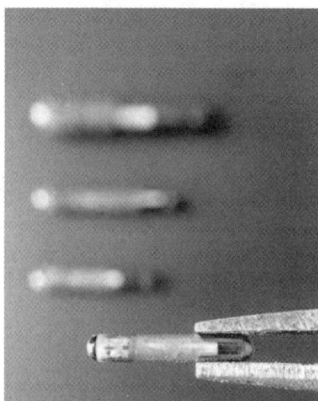

2. RFID的特点

通常来说，RFID具有以下特点。

（1）可靠性。RFID依靠电磁波连接，不需要连接双方有物理接触，因此它能够不受尘、雾、塑料、纸张、木材以及各种障碍物的影响，直接完成识别。

（2）高效性。RFID的读写速度非常快，一次RFID传输过程通常耗时不超过100毫秒。此外，RFID还支持同时识别多个标签。

（3）独一性。每个RFID标签都是独一无二的，因此RFID标签可以与产品形成一一对应关系，有助于商家跟踪每一件产品的后续流通情况。

（4）容量大。RFID标签的数据容量庞大，可以根据用户的需求扩充到数兆字节。

3. RFID的应用

自20世纪90年代以来，RFID在全世界快速发展。经过多年发展，RFID在移动商务领域得到了广泛的应用，主要涉及以下方面。

（1）物流管理。物流管理是RFID非常有潜力的应用领域之一。在仓储管理中，通过给货物嵌入RFID芯片，货物的相关信息能够被阅读器采集，如图2-18所示，从而使管理人员能够在系统中迅速查询货物信息，防止运错货物，降低货物丢失的风险，提高货物交接速度。在运输管理中，通过为运输中的货物和车辆贴上RFID标签，可以实现货物跟踪控制。在配送环节，采用RFID能大大提高分拣的效率与准确率，并能减少人工投入、降低配送成本。

图2-18 采集货物信息

（2）电子不停车收费系统（Electronic Toll Collection，ETC）。该系统是目前世界各国均在大力推崇的先进收费方式，如图2-19所示。车主只需在车辆挡风玻璃上安装RFID标签，车辆经过收费站时，收费站的阅读器设备就会对标签进行识别，并自动从车主预先绑定的银行账户中扣除相应费用，车主无须当场手动缴费即可快速通过收费站，这大大提高了车辆通行效率。

图2-19　ETC

（3）票务管理。植入RFID芯片的门票具有唯一识别号，无法复制，杜绝了假票问题。在售票时，植入RFID芯片的门票中可写入门票持有者的姓名和证件号、门票的有效期限和有效次数等信息。在验票时，工作人员通过手持RFID读写器即可读取芯片携带的门票信息（无须人工分辨，且不受光线、视线的影响），如图2-20所示，并将其与后台数据库中的相关信息进行对比，从而实现快速验票。

经验之谈

RFID还可以用于产品防伪，即将产品唯一识别号写入RFID芯片中，然后将芯片制作成电子标签（见图2-21）并贴在产品上，使用阅读器识别电子标签即可分辨产品真伪。

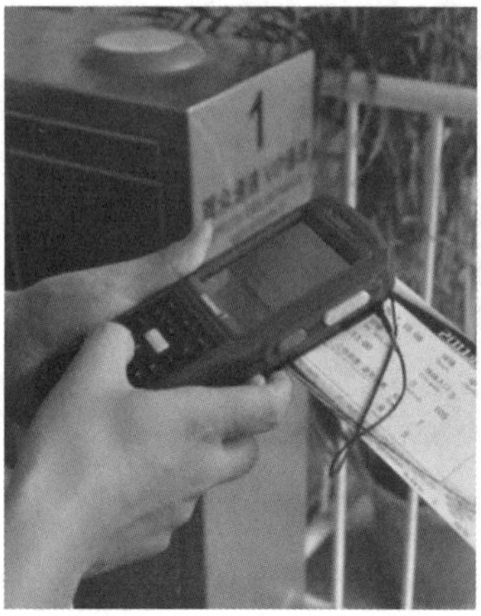

图2-20　读取门票信息

图2-21　用于防伪的电子标签

（4）生产的自动化及过程控制。RFID能够在恶劣环境中工作，且识别时无须接触，因此可以运用在大型工厂的自动化流水作业线上，从而实现对物料的跟踪和生产过程的自动控制，提高生产效率。

📎 **经验之谈**

RFID的应用还包括证件（二代身份证、电子护照）防伪、门禁系统（见图2-22）、军事/国防/国家安全等。

图2-22 门禁系统

👤 活动3 NFC

听李经理提到RFID还可以应用于门禁系统，小艾又想起了那项允许刷手机进出写字楼的技术——NFC。于是李经理开始向她介绍NFC。

NFC是在RFID的基础上，结合无线互联技术研发而成的，它使移动设备、个人计算机和智能控件工具间可以进行近距离无线通信。NFC允许电子设备之间在10厘米内进行非接触式点对点数据传输，传输速度有106Kbit/s、212Kbit/s和424Kbit/s 3种。

1. NFC的优点

相较于蓝牙、RFID等其他近距离无线通信技术，NFC具有图2-23所示的优点。

01 NFC采取了独特的信号衰减技术，其信号传输范围比RFID小，所以NFC相对于RFID来说具有距离近、带宽高、能耗低等特点

NFC兼容性很强（能与现有非接触智能卡技术兼容），目前已经成为主要软硬件厂商支持的正式标准 **02**

03 NFC的私密性强，在可信的身份验证框架内，NFC允许各种设备间进行安全、迅速而自动的通信

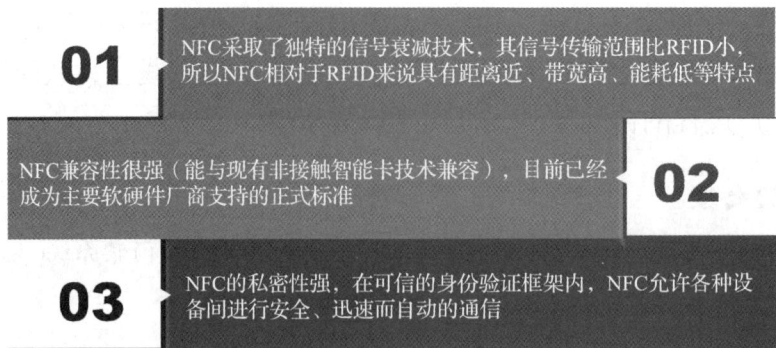

图2-23　NFC的优点

2. NFC的应用

NFC是一种近场通信技术，其应用十分广泛，主要包括以下几种。

（1）NFC电子名片。传统的名片携带不便，而NFC电子名片较为智能、环保。拥有NFC电子名片的双方只要拿出手机触碰一下就可以交换名片，无须联网、无须下载App。

（2）移动支付。NFC的一大常见应用就是移动手机支付。现在很多手机已经内置了NFC芯片，用户将银行卡与手机App绑定，即可使用手机直接靠近线下销售终端（Point Of Sale，POS）机进行支付，而不需要联网。部分手机的NFC支付功能支持在线购物支付、"碰一碰NFC"支付，还可以在乘坐公交车、地铁时直接使用。图2-24所示为Huawei Pay的付款场景。

手机靠近POS机，一触闪付

手机靠近POS机快速调起默认卡，验证指纹即可完成支付。无须解锁屏幕，方便又快捷。

极简操作，一碰即付

手机亮屏解锁，靠近"碰一碰NFC"标签，输入金额、验证指纹即可快速支付。

图2-24　Huawei Pay的付款场景

动手做

了解Huawei Pay

在网页中搜索"Huawei Pay"，进入 Huawei Pay 主页，查看其支持的支付方式、支付场景以及银行卡。

（3）NFC门禁。NFC门禁是将现有的门禁卡数据写入支持NFC的手机，使用手机实现门禁卡功能，如图2-25所示。相较于传统门禁，NFC门禁的配置、监控和修改等都更方便，还可以实现远程修改和配置。

图2-25　NFC门禁

（4）数据传输。两台支持NFC的智能设备能借助NFC实现快速数据传输。例如，两台支持NFC的安卓手机只要开启NFC功能，并开启"Android Beam"功能（见图2-26），就可以通过碰一碰的方式来实现文件传输。

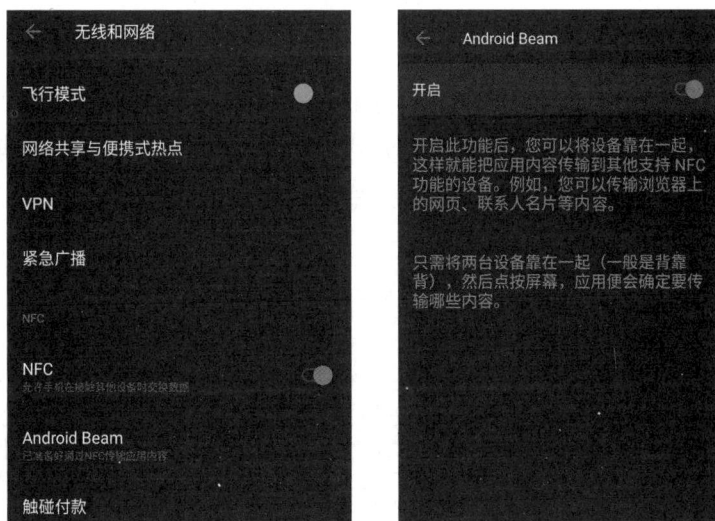

图2-26　数据传输

任务二 认识LBS

任务描述

公司最近要求每个员工都在手机上安装一个App，外出办公时需要在相应地点打卡。小艾对此感到不解。李经理说，公司最近购买了一个系统，该系统以LBS为基础，可以实时获取员工在工作时间的行动轨迹，这样员工即便处于移动办公状态也能被公司合理管理。于是小艾让李经理赶紧给她讲讲LBS。

任务实施

活动1 LBS的含义和发展历程

李经理告诉小艾，现在需求的流动性越来越强，人们走到哪里，相应的衣食住行等方面的需求也会转移到哪里，因此人们的位置信息十分重要。LBS就是在这样的背景下发展起来的。

1. LBS的含义

LBS是一种基于地理位置的服务，即通过电信运营商的外部定位或者无线通信网络，获取用户的地理位置信息，然后在地理位置系统（Geographic Information System，GIS）平台的帮助下，为用户提供相应的增值服务。它包括两方面内容，首先是确定移动设备或用户的地理位置，其次是提供与位置相关的各类信息服务。

2. LBS的发展历程

LBS起源于全球定位系统（Global Positioning System，GPS），随后逐渐在测绘和车辆跟踪定位等领域得到应用。直到20世纪90年代后期，LBS及其相关的技术才得到广泛的重视。在我国，LBS的发展经历了表2-1所示的3个时期。

表2-1 LBS的发展历程

时期	发展情况
市场萌芽期（2001—2003年）	2001年，中国移动推出"移动梦网"位置服务。2003年，中国联通推出"定位之星"业务，为用户提供导航服务。2006年初，中国移动在北京、天津等地试点运行了"手机地图"业务，为用户提供显示、动态缩放、城市切换以及查询等位置服务。随后，中国电信和中国网通也为用户提供了位置服务业务，这标志着我国LBS进入了萌芽期

续表

时期	发展情况
市场缓慢增长期 （2004—2006年）	这个时期的LBS定位精度和准确度不高，数据的时效性不强，再加上互联网地图不够成熟，地图上的信息不全面，使得国内几大运营商相继推出的位置服务反响一般，LBS市场一直不够火热
市场高速增长期 （2007年至今）	2006年，互联网地图走向成熟，众多地图厂商、软件厂商相继开发LBS应用。而后随着无线技术和硬件设施的进一步完善，国内LBS行业迎来了高速增长期

素养小课堂

GPS是美国开发的定位系统，多年来在全世界应用广泛。近年来，我国已经自主研发出了自己的定位系统——"北斗"系统。其能为全球用户提供全天候、全天时、高精度的定位、导航和授时服务。我国也在大力推动"北斗"系统的商用。目前，华为某款手机已经能支持北斗卫星消息，即在手机无信号的情况下，处于空旷无遮挡的环境时，用户可以通过北斗卫星发送消息，如图2-27所示。

图2-27 华为某款手机支持北斗卫星消息

活动2 LBS的定位原理

小艾很疑惑LBS是如何确定自己位置的，李经理说这个过程很复杂，为了便于小艾理解，他描述了LBS定位的大致原理：手机"测量"不同基站的下行导频信号，得到各个基站的信号到达时刻或到达时间差；根据测量结果，结合基站的坐标，计算出手机的坐标。实际的位置估计算法需要考虑多个（3个或3个以上）基站定位的情况，因此要复杂很多。

LBS定位的精度取决于基站的数量及覆盖范围。基站数量越多，密度越高，定位精度也就越高，基站和手机之间的障碍物少一些，定位精度也会有所提高。这也说明了用户在偏远地区无法实现准确定位或无法定位的原因，因为偏远地区的基站数量少，所以LBS无法准确定位或无法定位。

👤 活动3　LBS的应用

李经理接着说，LBS是近年来十分被看好的业务，无论是用户还是企业，对于LBS都有着广泛的需求。目前，LBS在移动商务中的应用有以下几个方面。

1. 实时位置追踪

实时位置追踪是指通过移动设备实时获取车辆或设备携带者所处的位置信息，其应用十分广泛，如跑步App为用户提供运动数据（见图2-28），儿童手表借助实时位置追踪让家长实时掌握孩子的行踪（见图2-29），快递公司、出租车调度中心借助实时位置追踪来实时掌握车辆的位置信息，企业使用外勤人员管理软件（见图2-30）的人员位置追踪功能来实时掌握外勤人员的轨迹。

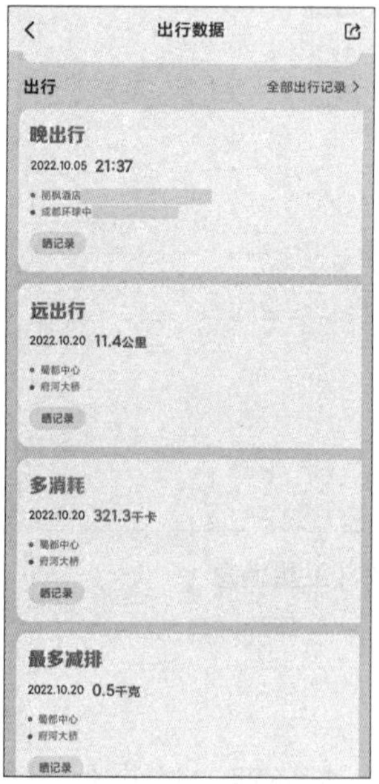

图2-28　运动数据

图2-29　儿童手表的追踪功能

图2-30　外勤人员管理软件

2. 出行导航

LBS的出行导航应用是指通过定位系统引导用户从一个地点移动到目的地。用户在相关平台（如百度地图、高德地图等）输入目的地后，系统能够在用户所在位置和目的地之间选择最佳路线（以图形方式展示的路线图），并在行进过程中为用户提示方向（如"沿当前道路直行200米后右转"）。

3. 位置查询

所谓位置查询，是指对地理位置进行搜索后，查询出该位置的交通、饮食、住宿、游玩等方面的信息。例如，用户在百度地图中搜索某一位置，进入该位置专属界面，可以查看该位置对应的详细地址（××省××市××区××街道××路××号），相关的图片，用户评价，周边美食、景点、超市、酒店以及公交站、地铁站等信息。

4. 个性化信息推送

个性化信息推送是指根据用户的位置，向用户主动推送周边用户发布的内容以及衣食住行等方面的信息，满足用户社交和日常生活需求。这部分内容将在项目四中详细讲解，这里不赘述。

> **经验之谈**
>
> LBS的应用还有应急救援、本地社交、门店选址等。其中，门店选址的典型案例是借助LBS相关服务了解不同商圈的人流情况，以及人群的年龄、学历、消费偏好等数据，结合这些数据来确定门店位置。

任务三　认识云计算、大数据和物联网

任务描述

一天，李经理有事外出，而小艾急需一份文件，于是李经理通过电子邮箱把文件发给了她。后来，李经理告诉小艾，他把一些重要的文件备份到了云盘上，所以能够随时使用、转发这些文件，并说这是云计算的应用。其实，不止云计算，大数据和物联网在生活中的应用也很广泛。

任务实施

👤 活动1　云计算

李经理对小艾说，随着移动互联网时代的到来，人们对数据的存储便捷性、数据运算速度等方面的要求越来越高，在此背景下，云计算应运而生。

1. 云计算的含义

简单来说，云计算就是一种提供资源的网络，用户可以随时获取"云"上的资源。云计算的"云"是一种比喻的说法，它是指互联网上的服务器集群上聚集的资源，主要包括存储器、中央处理器、服务器等硬件资源，以及应用软件、集成开发环境等软件资源。用户在使用云计算服务时，只需要通过互联网发送需求信息，服务器上的成千上万台计算机就会为用户提供其所需的资源，并快速将资源传输到用户的本地设备中。在这个过程中，所有的处理都由"云"上的服务器完成，无须占用本地设备的存储空间。

2. 云计算的服务类型

按照云计算服务交付的方式，云计算服务可以分为3类，即基础设施即服务（Infrastructure as a Service，IaaS）、平台即服务（Platform as a Service，PaaS）和软件即服务（Software as a Service，SaaS）。

（1）IaaS。IaaS是指用户通过云计算服务提供商获得互联网基础设施硬件资源。IaaS的代表产品有IBM公司的Blue Cloud、亚马逊公司的Amazon EC2和思科公司的Cisco UCS等。

（2）PaaS。PaaS是指用户通过云计算服务提供商获得开发、测试、运行环境，其主要用户是开发人员。PaaS有助于降低应用程序的开发成本。国内PaaS的代表产品有阿里云、DevCloud等。

（3）SaaS。SaaS是指用户通过云计算服务提供商获取可直接使用的软

件。用户无须维护软件，也不能管理软件运行的基础设施和平台，只能进行有限的软件设置。例如，金蝶为企业用户提供的云管理软件——金蝶云（见图2-31）就属于SaaS。

图2-31 金蝶云

3. 云计算的应用

随着技术的不断成熟，云计算在各行业的应用也越来越广泛，下面介绍几种云计算在移动商务领域的常见应用。

（1）云医疗。云医疗是指在云计算等新技术的基础上，结合医疗技术，创建医疗健康服务云平台，实现医疗资源的共享和医疗范围的扩大。通过医疗云平台，患者可以查看各医院及医生的详细介绍，并进行电子挂号。同时，患者的电子医疗记录或检验信息将保存至云端，医生、护理人员等可以在经过允许的前提下随时获取患者的健康资料。医疗云平台使各个医疗机构实现信息联通，有助于医生全方位地了解患者的健康状况，从而做出更准确的诊断。图2-32所示为健康哈尔滨服务平台，用户可以在其中预约挂号并查看自己的健康档案。

（2）云教育。云教育是指基于云计算应用的教育平台服务。借助云计算，政府相关部门、学校及各种教育机构可以建立覆盖一定范围的教育云平台。教育云平台打破了传统教育的信息化边界，集教学、管理、学习、分享、互动等功能于一体，让师生能够随时随地使用个性化的教学资源和教育服务。图2-33所示为国家中小学智慧教育平台，其中提供了各种学习资源。

（3）云存储。通过云存储，用户可以在任何时间、任何地点，将手机等终端中的资料（如照片、视频、文件等）保存到云端，也可以下载、在线查看存储在云端的资料，无须额外安装物理存储设备。云存储平台的典型代表有百度网盘（见图2-34）、阿里云盘等。

图2-32　健康哈尔滨服务平台　图2-33　国家中小学智慧教育平台　　图2-34　百度网盘

（4）云金融。云金融是指利用云计算技术，将金融信息、产品和服务等资源分散到互联网"云"上，旨在为银行、保险公司和证券公司等金融机构提供互联网处理和运行服务，同时使其共享互联网资源，从而解决现有问题并达到高效率、低成本的效果。云金融的应用场景很多，例如，阿里云金融就推出移动金融专属解决方案，帮助金融机构全面上"云"。

（5）云安全。云安全通过大量客户端来监测网络中的软件异常行为，获取互联网中木马病毒、恶意程序的新信息，经过分析和处理后再把相应的解决方案分发到每一个客户端。只要有一名用户遭受木马病毒和恶意程序的攻击，整个云安全系统就能在较短的时间内做出反应，拥有对该木马病毒和恶意程序的查杀、防御能力，进而保护每一位使用云安全系统的用户。云安全应用广泛，目前各大主流手机安全软件的杀毒板块都已配备了云安全功能。

👤 活动2　大数据

小艾发现，自从她在淘宝上购买了办公用品后，淘宝一直给她推荐类似的产品。李经理说，这是因为淘宝运用了大数据技术，通过数据分析出了用户喜欢什么、需要什么，从而推荐相应的产品给用户。目前大数据技术在人们的生活中应用十分广泛。

1. 大数据的含义

数据是指存储在某种介质上的包含信息的物理符号。进入电子信息时代后，人们生产数据的能力得到了飞速提升，生产的数据量大大增加，数据的增加最终促使了大数据的产生。大数据是指无法在一定时间范围内用常规软件工具进行捕捉、管理、处理的数据集合。大数据技术是指为了传送、存储、分析和应用大数据而采用的软件和硬件技术，也可将其看作面向数据的高性能计算系统。

2. 大数据的应用

大数据在移动商务中的应用很多，下面介绍两个主要的方面。

（1）推荐系统。推荐系统可以向用户提供信息和建议，如产品推荐、新闻推荐、视频推荐等，而实现推荐的过程就需要依赖大数据。用户在访问平台时，平台会记录和分析用户行为并建立模型，在将该模型与数据库中的信息进行匹配后，产生推荐信息。为了实现准确推荐，平台需要存储海量的用户访问信息，并基于大数据的分析，推荐与用户行为符合的内容。例如，用户在淘宝App上购买了一双运动鞋，之后再打开淘宝App，推荐页就会显示一些同类产品。这就是大数据技术在推荐系统方面的一项典型应用，它将用户的使用习惯、搜索习惯记录到数据库中，应用独特的算法计算出用户可能感兴趣的内容，并将其推荐给用户。

（2）搜索引擎。搜索引擎是非常常见的大数据系统，用户在网络中通过搜索引擎搜索并浏览信息时，系统需要通过将用户搜索的关键词与搜索引擎数据库中的海量数据进行匹配，将符合用户搜索需求的数据呈现给用户。

👤 活动3　物联网

小艾发现公司的智能音箱可以与灯具、冰箱、空调等设备联通，对着智能音箱发出语音指令就能控制这些设备。李经理说这是物联网的应用。

1. 物联网的含义

物联网是让所有能行使独立功能的普通物品实现互联互通的网络。简单地说，物联网可以把所有能行使独立功能的物品，通过信息传感设备与互联网连接起来，进行信息交换，以实现智能化识别和管理。在物联网上，每个用户都可以应用电子标签连接真实的物品与网络，可以利用物联网的中心计算机集中管理和控制机器、设备和人员，也可以遥控家庭设备、汽车，以及查询物品位置、防止物品被盗等。物联网通过将各种物品进行数据连接，最终聚集成物品大数据，从而实现"物物相连"。物联网具有以下特征。

（1）主动、全面感知。物联网依靠物品中植入的各种感应芯片，主动利用RFID、二维码、传感器等技术，感知物品的存在，并获取物品的状态、位置等信息，再通过各种通信网络交互和传递信息，实现主动、全面感知世界的基本目标。

（2）可靠传输。物联网可以通过有线、无线等不同的传输方式，在任意时间、任意地点，对物品的实时信息进行分类管理，再将其准确、可靠、有指向性地传输给信息处理设备，这些设备应与物联网中任意物品进行可靠的信息交互与共享，以适应不同的应用需求。

（3）智能分析处理。物联网中存在海量数据，需要利用各种智能计算技术进行分析与处理，以更好地支持特定行业和特定场景中的用户决策和行动，实现智能化的决策和控制。

2. 物联网的应用

物联网在移动商务中的应用主要有以下方面。

（1）智慧零售。物联网在智慧零售中主要应用于智慧门店。物联网有助于实现智慧门店内设备的集中接入和统一管控，并构建设备协同体系，实现智能开店、智能打烊、智能结算、智能补货等自动化流程。此外，物联网还有助于智能分析门店内的客流和活动，从而为用户提供更好的服务。

（2）智能家居。物联网应用于智能家居领域能够对家居类产品的位置、状态、变化进行监测，分析其变化特征，从而实现智能化控制，使家居生活更加舒适和便捷。这方面的典型代表是小米智能家居，用户购买小米手机、小米音箱、小米路由器等设备后，可以通过米家App进行绑定、统一管理，并实现多设备互联互通。

（3）智慧物流。物联网在智慧物流领域的应用主要体现在物流的运输、仓储、配送等各个环节。通过物联网技术，人们可以更好地进行货物的仓储管理，并实现对运输车辆的实时监测，优化物流终端服务。

任务四　了解H5

任务描述

小艾听说公司营销部门的同事准备做一个品牌微信公众号的推送链接，

这个链接打开后是一个很漂亮的产品介绍页面，于是小艾问李经理这是怎么回事。李经理说这个页面是用H5做的，加入了动画和背景音乐，还设计了有趣的互动游戏。小艾说："以前就听说过H5，现在终于见识到了，赶紧给我讲讲吧！"

任务实施

活动1　H5的含义

小艾问李经理H5到底是什么意思。李经理说，H5是HTML5的简称，是指HTML的第5个版本，而HTML则是Hyper Text Markup Language（超文本标记语言）的缩写，是指描述网页的标准语言。因此，H5就是第5个版本的"描述网页的标准语言"，其最终呈现效果是一个一个的网页。

在H5广泛应用以前，网页主要在PC端访问。而随着移动互联网时代的到来，用户对网页的访问从PC端转移到了移动端，原来仅适用于PC端的网页在移动端的浏览体验较差，这就催生了H5。H5在前代版本的基础上增强了对移动端的支持，开发者可以用其开发出更适合移动端操作的网页，从而提升移动端的网页浏览体验。

活动2　H5的特点和类型

李经理带着小艾仔细浏览了很多H5页面，总结了H5的特点和类型。

1. H5的特点

当前，H5的应用非常广泛，这是因为其具有图2-35所示的特点。

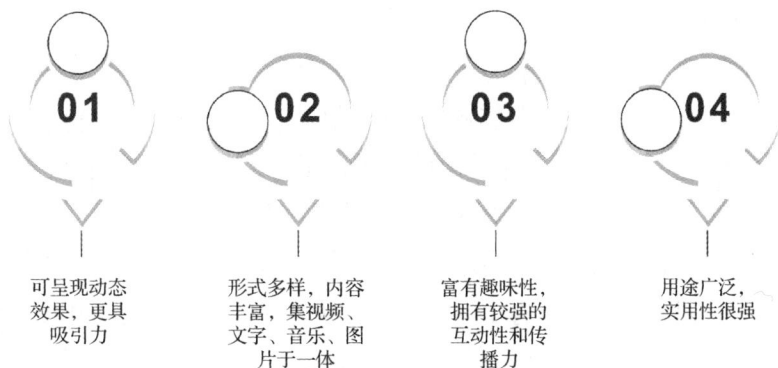

01	02	03	04
可呈现动态效果，更具吸引力	形式多样，内容丰富，集视频、文字、音乐、图片于一体	富有趣味性，拥有较强的互动性和传播力	用途广泛，实用性很强

图2-35　H5的特点

经验之谈

当前H5已经可以融入其他技术，例如3D（即三维立体）、虚拟现实（Virtual Reality，VR）、重力感应等，给用户带来更为新奇的体验。图2-36所示的H5即采用了VR技术，用户通过手机页面就可以体验实景，左右转动手机还可以切换观看角度。

图2-36　采用了VR技术的H5

2. H5的类型

H5的类型很多，大体上可以分为展示型H5、互动型H5和营销型H5。

（1）展示型H5。展示型H5主要用于展示大量信息，其操作较为简单，用户只需通过滑动、点击等操作即可完成浏览。目前较常见的展示型H5有长图滑动和视频展示两种。展示型H5通过图文、视频、跳转链接等多种形式，简明扼要地向用户传递信息。展示型H5的优点是能够流畅地呈现一段完整的故事或叙述，而且交互（即两个主体发生互动关系）形式简单，制作难度较低。图2-37所示的展示型H5以线上邮票展的方式展示了一些重要事件，内容富有历史文化内涵，用户通过横向滑动屏幕即可依次浏览不同时期发行的邮票。

图2-37 展示型H5

（2）互动型H5。互动型H5强调交互，用户打开页面后可以进行不同的操作（如点击不同的按钮进入不同的页面），还可以自行参与创作生成内容等，其交互形式相对复杂，支持丰富的玩法，趣味性很强。互动型H5非常容易被用户转发，因此具有较强的传播力。图2-38所示的互动型H5中，用户可以选择自己使用过的旧手机和当年做过的趣事，最后生成回忆报告。

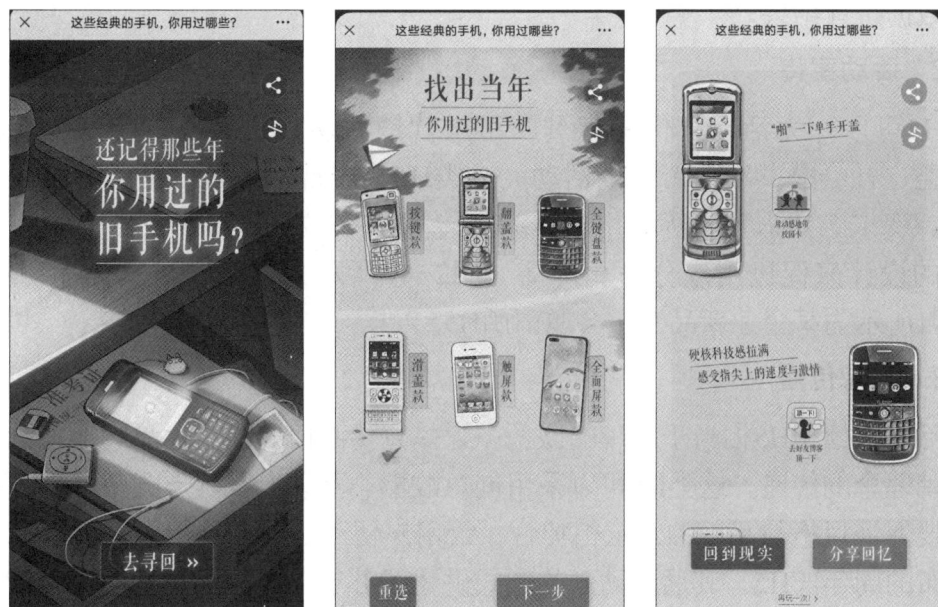

图2-38 互动型H5

> **经验之谈**
>
> 在选择交互形式时要注意，微信禁止游戏、测试类内容（如好友问答、性格测试、测试签、网页小游戏等）的H5在朋友圈传播，情节恶劣的还会被永久封禁相关账号。

（3）营销型H5。营销型H5主要用于产品、品牌或活动的营销推广，其常见形式有利益驱动、内容营销等。所谓利益驱动，是指利用利益点刺激用户浏览页面、参与互动并分享，如设计抽奖、瓜分红包、积分换奖品等形式。内容营销是指通过有趣的内容，如讲述一个吸引人的故事，并将产品作为故事的道具植入其中，加深用户对产品或品牌的印象。

活动3 H5的应用场景

李经理告诉小艾，由于互动性和趣味性较强，且能够带来酷炫的视觉体验，H5目前已经被应用到不少领域，主要有以下几种应用场景。

1. 数据调查

数据调查主要包括问卷调查、客户回访、满意度调查等。使用H5进行数据调查十分便捷，以问卷调查为例，企业只需要在H5制作平台（如易企秀、人人秀等）上制作好调查问卷H5（见图2-39），将其发送给参与调查的用户，用户直接在手机上填写、提交就可以了。调查结束后，企业可以通过相关平台后台查看数据统计结果。

2. 活动宣传

H5可以作为活动宣传的工具应用于营销活动、新品发布会，以及应用于公益、社会公共事业方面的活动。这类H5的展现形式可以是互动游戏、邀请函、贺卡、知识竞赛等。用于活动宣传的H5需要较丰富的交互形式和极具创意的设计来促进用户分享和传播。图2-40所示为网络安全宣传活动H5，图2-41所示为某企业新品发布会邀请函H5。

3. 品牌传播

品牌传播型H5相当于品牌的微型多媒体宣传画册，注重对品牌形象的塑造和品牌理念的传递。这类H5可以采用创意故事、互动游戏等形式来呈现，在设计时要保证风格与品牌的定位相契合，给用户留下好的印象。图2-42所示为苏宁发布的周年庆H5，其通过动画的形式讲述了苏宁悠久的品牌发展史，传递了苏宁的品牌理念，有利于用户产生好感。

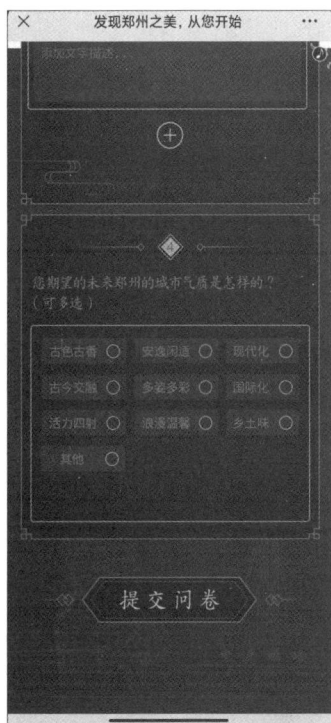

图2-39　调查问卷H5

图2-40　网络安全宣传活动H5

图2-41　邀请函H5

图2-42　苏宁发布的周年庆H5

4. 产品介绍

H5可用于介绍产品，其丰富的展现形式有助于让用户直观地感受产品功能，加深用户对产品的印象。图2-43所示为小米发布的产品介绍H5，该H5通过酷炫的3D效果展现产品的卖点。

5. 网上商城

H5无须下载、随用随开，开发成本相对较低，因此很多企业和电商平台都会开发H5网上商城（见图2-44）。目前，H5网上商城可以在微信中打开，也可以直接在浏览器中运行，已经能够承载大部分电商购物功能。

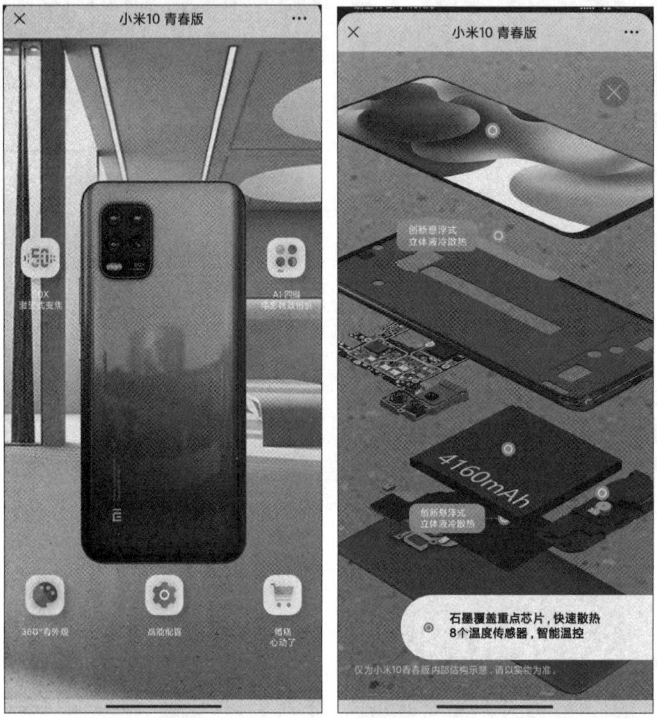

图2-43　小米发布的产品介绍H5

图2-44　H5网上商城

动手做

查看各种用途的H5

使用计算机，进入易企秀官方网站，选择首页中的"H5"选项，在打开的页面中查看各种用途的H5模板，选择一个模板进入其预览页面，将鼠标指针移到 手机预览 按钮上，用手机扫描出现的二维码，在手机上预览模板效果。

同步实训

实训一 使用草料二维码制作二维码

实训描述

本次实训要求同学们使用草料二维码为木缘心纯实木双人床制作产品介绍二维码，介绍内容包括产品的价格、材质。

操作指南

使用草料二维码制作二维码，可以参考以下步骤进行操作。

微课视频

使用草料二维码制作二维码

步骤01 进入草料二维码官方网站，注册并登录，单击首页中的 模板库 按钮，在打开的页面中的"推荐"板块中选择"产品详情介绍"选项，如图2-45所示。

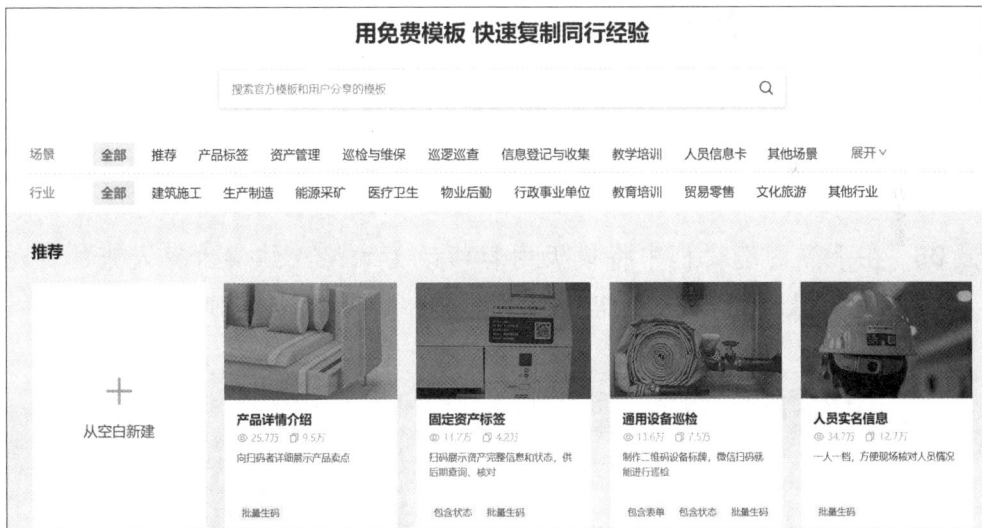

图2-45 选择模板

步骤02 打开模板预览页面，单击其中的 单个生码 按钮，如图2-46所示。

图2-46 单击"单个生码"按钮

步骤03 打开模板编辑页面，修改总标题为"木缘心纯实木双人床"，单击下方的图片，单击出现的 编辑 按钮。

步骤04 打开"图片模块"对话框，依次单击每一张图片右上角的 ⊗ 按钮，将这些图片删除，单击 ＋ 按钮，在打开的列表中选择"上传图片"选项，在打开的"打开"对话框中选择需要上传的图片（配套资源：\素材\实木床1～4.png），单击 打开(O) 按钮。

步骤05 "图片模块"对话框中将显示已上传的图片，单击选中"图片样式设置"栏中的"留白"单选项和"图片展示设置"栏中的"轮播"单选项，然后单击 确定 按钮，如图2-47所示。

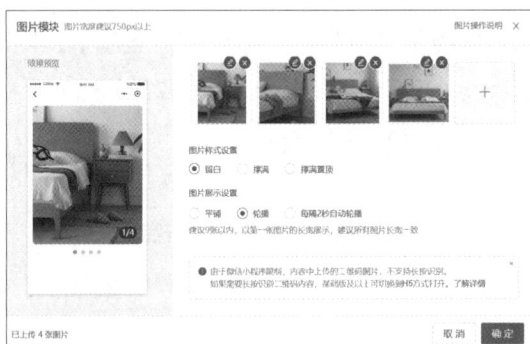

图2-47 设置图片

步骤06 在下方的编辑框中将模板内容修改为木缘心纯实木双人床的详细介绍（配套资源：\素材\实木床介绍.docx），部分效果如图2-48所示。

图2-48 修改后的效果

步骤 07　单击右侧的 生成二维码 按钮，在打开的页面中单击 修改样式 按钮，在打开的"二维码样式编辑器"对话框中将"字段1"文本框中的内容修改为"木缘心纯实木双人床"，单击 保存修改 按钮，如图2-49所示。

图2-49　修改二维码样式

步骤 08　返回模板编辑页面。单击 预览 按钮，在打开的对话框中单击 下载图片 按钮，如图2-50所示，即可将二维码作为图片下载到计算机中。

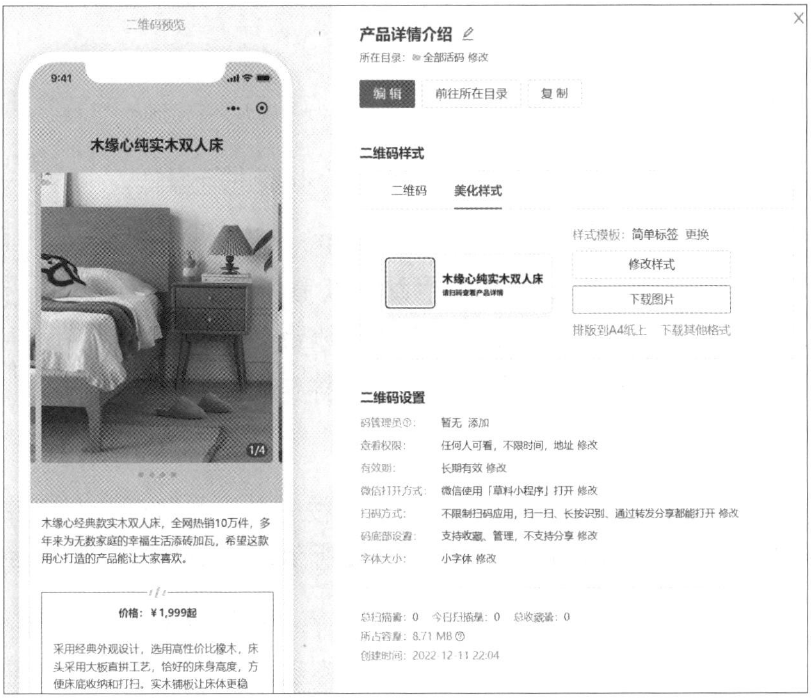

图2-50　下载二维码

💬 **实训评价**

同学们完成实训操作后，提交二维码文件，老师据此按表2-2所示内容进行打分。

表2-2　实训评价

序号	评分内容	总分	老师打分	老师点评
1	制作的二维码是否完整	20		
2	二维码是否能打开，打开的界面是否完整、美观	80		

得分：＿＿＿＿＿＿

👤 实训二　体验高德地图的LBS服务

📋 **实训描述**

本次实训要求同学们体验高德地图提供的LBS服务，包括查看附近的实时公共交通情况、加油站（选择一个查看详情）、商场/超市（选择一个商场查看详情，探索商场中的商家服务并打卡），查看打卡里程记录情况，并生成足迹故事。

🛠 **操作指南**

体验高德地图的LBS服务，可以参考以下步骤进行操作。

微课视频

体验高德地图的LBS服务

步骤01　在手机上下载并打开高德地图App。在主界面中点击"实时公交"按钮，在打开的界面中查看附近的公交车站和经过的公交路线，以及地铁站和经过的地铁路线，还可以查看最近一班公交车到达的时间以及地铁拥挤情况，如图2-51所示。

步骤02　返回主界面，点击底部的"附近"按钮，在打开的界面中点击"加油站"按钮，查看附近的加油站，如图2-52所示，点击合适的加油站选项。

步骤03　在打开的界面中查看该加油站的详情，如图2-53所示，点击 导航 按钮即可在打开的界面中查看驾车前往该加油站的路线，还可以听到语音导航。点击左下角的"退出"按钮✕，在打开的面板中点击 退出导航 按钮即可退出导航。

图2-51 "实时公交"界面

图2-52 附近的加油站

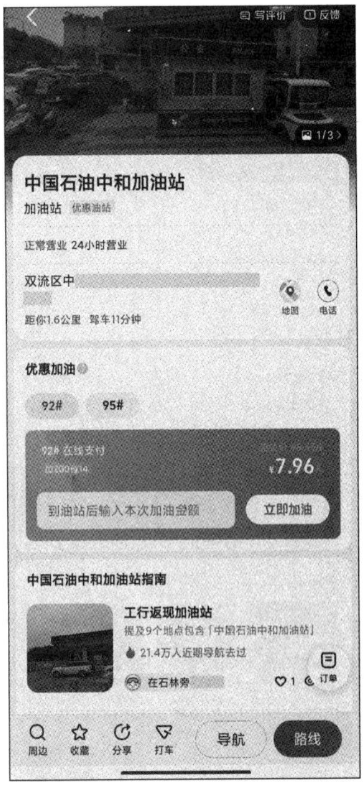

图2-53 加油站详情

步骤 04 返回"附近"界面，点击"商场/超市"按钮查看附近的商场或超市，选择其中一个商场，这里点击"乐家广场"选项，在打开的界面中查看其详情，如图2-54所示，包括营业时间、地址、前往路线，以及楼层商家分布、优惠团购等信息。

步骤 05 点击"楼层导览"栏中的查看全部按钮，在打开的界面中浏览商场各楼层分布的商家，如图2-55所示，点击"音乐派KTV（铁像寺店）"选项，在打开的界面中可查看并预定该KTV的包间、购买代金券，还可查看附近的其他KTV，如图2-56所示。

步骤 06 在该界面下滑继续浏览，点击一键打卡按钮，将出现"已打卡"的提示；点击去足迹看看按钮，在打开的界面中点击同意并立即开启足迹按钮，并选中"已阅读并同意足迹协议"单选项。

步骤 07 在打开的界面中将显示已打卡的情况。点击"里程"选项卡，在打开的界面中将显示使用高德地图驾车导航的记录，如图2-57所示。点击"足迹故事"按钮，在打开的"足迹故事"界面中点击去试试DIY按钮，在打开的"选择出行记录"界面中点击需要生成故事的记录，点击生成足迹故事按钮，如图2-58所示，即可生成足迹故事，如图2-59所示。

图2-54 商场详情

图2-55 商家列表

图2-56 商家信息

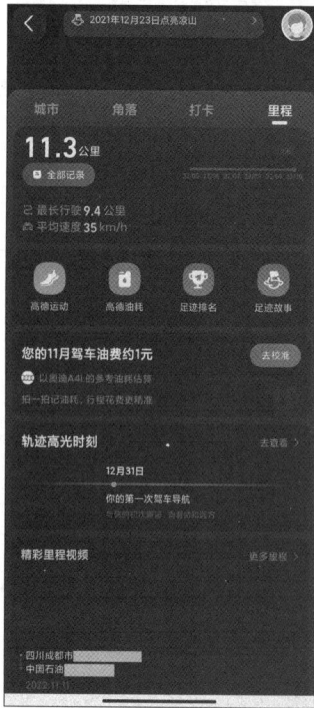

图2-57 里程记录

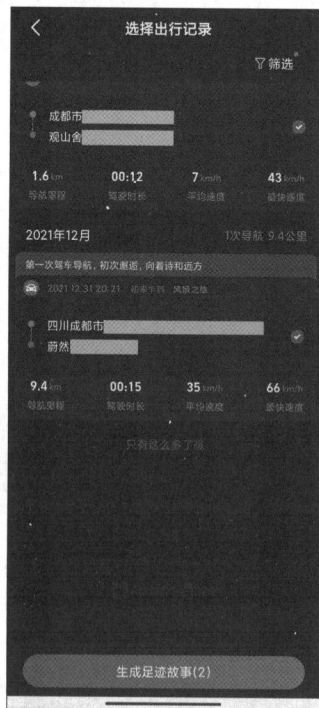

图2-58 选择出行记录

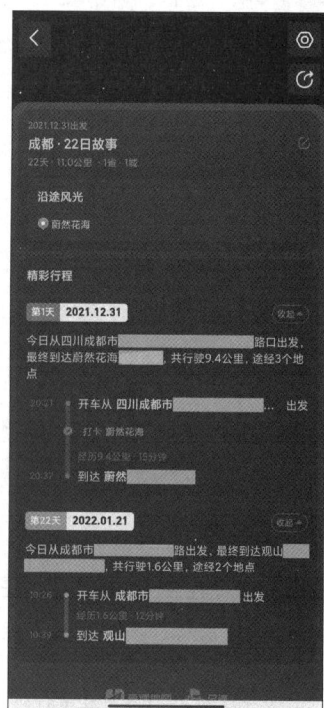

图2-59 足迹故事

💬 **实训评价**

同学们完成实训操作后，提交操作截图，老师根据截图按表2-3所示内容进行打分。

表2-3 实训评价

序号	评分内容	总分	老师打分	老师点评
1	是否查看了实时公共交通情况	10		
2	是否查看了附近的加油站及其详情	30		
3	是否查看了附近的商场/超市及其详情	30		
4	是否完成了打卡并查看打卡、里程记录	10		
5	是否生成了足迹故事	20		

得分：_____

项目总结

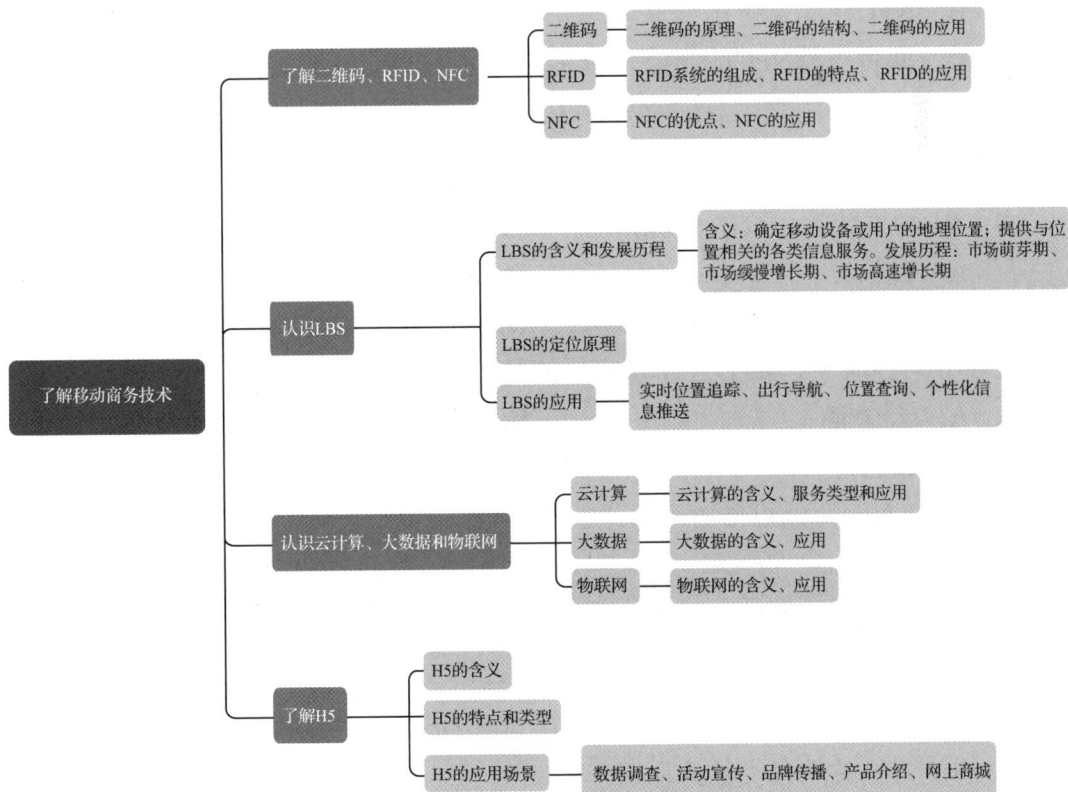

课后习题

一、单选题

1. 下列关于二维码的说法中，不正确的是（　　）。

   A. 二维码的前身是条形码

   B. 二维码以二维码编码为基础

   C. 二维码中黑色点所在的位置代表的是"1"

   D. 二维码的码眼一般有4个

2. 下列各项中，不属于二维码的应用的是（　　）。

   A. 流程跟踪　　　　　　　　B. 表单记录

   C. 证件验伪　　　　　　　　D. ETC

3. RIFD的特点不包括（　　）。

   A. 可靠性　　　　　　　　　B. 高效性

   C. 容量小　　　　　　　　　D. 独一性

4. 下列关于NFC应用的说法中，不正确的是（　　）。

   A. 拥有NFC电子名片的双方只要拿出手机触碰一下就可以交换名片

   B. NFC移动支付需要联网

   C. 两台支持NFC的智能设备能借助NFC实现快速数据传输

   D. 在NFC门禁中，刷支持NFC的手机可以通过门禁装置

二、多选题

1. RFID系统的组成部分包括（　　）。

   A. 阅读器　　　　　　　　　B. 标签

   C. 金属传感器　　　　　　　D. 天线

2. 下列各项中，属于云计算应用的是（　　）。

   A. 云存储　　　　　　　　　B. 云安全

   C. 云医疗　　　　　　　　　D. 云教育

3. 物联网的特征包括（　　）。

   A. 主动、全面感知　　　　　B. 可靠传输

   C. 智能分析处理　　　　　　D. 用完即走，随手可得

三、判断题

1. LBS包括两方面内容，首先是确定移动设备或用户的地理位置，其次是提供与位置相关的各类信息服务。　　　　　　　　　　　　　　　　　　（　　）

2．LBS定位的精度取决于基站的数量及覆盖范围。　　　　　（　　）

3．H5网上商城支持离线使用，操作比小程序顺畅。　　　　　（　　）

4．H5形式多样，内容丰富，富有趣味性。　　　　　　　　　（　　）

5．只要有一名用户遭受木马病毒和恶意程序的攻击，整个云安全系统就能在较短的时间内做出反应，拥有对该木马病毒和恶意程序的查杀、防御能力，进而保护每一位使用云安全系统的用户。　　　　　　　（　　）

6．各大平台的推荐系统通过物联网技术可以向用户提供信息和建议，如产品推荐、新闻推荐、视频推荐等。　　　　　　　　　　（　　）

7．IaaS是指用户通过云计算服务提供商获取可直接使用的软件。

（　　）

项目三

走进移动支付

职场情境

小艾的姑妈在菜市场卖菜，一天，她高兴地对小艾说，自从小艾帮她设置了微信收款码，现在收钱方便多了，还不用找零钱。小艾把这件事告诉了李经理，李经理说手机收付款严格来说属于移动支付，移动支付目前在各行各业的应用都非常广泛，属于移动商务的重要内容。接着他便带着小艾学习移动支付的相关知识。

学习目标

✈ **知识目标**

1. 熟悉移动支付的含义、特点、类型和发展。
2. 掌握移动支付的方式和应用场景。
3. 熟悉数字人民币的含义、特点和发展。

✈ **技能目标**

1. 能够分辨移动支付的类型、方式和应用场景。
2. 能够使用移动支付。
3. 能够开通并使用数字人民币钱包。

✈ **素质目标**

1. 积极关注移动支付的发展动向，提升自我。
2. 意识到商业创新与社会进步之间的关联。

任务一　了解移动支付

任务描述

　　李经理细数了这些年来支付方式的变化，早前是现金支付，后来银行卡、信用卡支付开始普及，成为大额支付的主要方式；再后来随着电子商务和移动互联网的发展，随身携带一部手机就能完成日常支付，不论是在超市、加油站，还是路边小摊，都可以通过扫码完成支付，特别方便。小艾听后急着让他讲讲移动支付如何在这些场景中实现，李经理说别急，要先从基础知识学起。

任务实施

👤活动1　移动支付的含义与特点

　　小艾只知道移动支付很方便、快捷，但并不太清楚移动支付具体是怎么回事，于是李经理就给她讲解了移动支付的含义与特点。

1. 移动支付的含义

　　移动支付是电子支付的一种方式，是指交易双方使用移动终端设备（如手机、平板电脑、移动POS机、可穿戴设备等），通过移动通信网络或者NFC实现商业交易，它属于移动商务的范畴。

移动支付将互联网、移动终端设备、金融机构联合在一起，形成了一个新型的支付体系。移动支付不仅能够进行货币支付，还可以缴纳话费、燃气费、水费、电费等生活费用。此外，移动支付借助各种新技术，催生了一系列新兴的支付方式，如刷脸支付、NFC支付等，提高了相关行业的运作效率。

2. 移动支付的特点

移动支付是移动互联网时代的产物，其可以打破时间、地域的限制，为用户带来很多便利。具体来说，移动支付具有以下特点。

（1）支付便捷。传统支付以现金支付为主，需要用户与商家面对面，因此，对支付时间和地点都有限制。移动支付打破了传统支付对于时空的限制，用户可以随时随地通过手机进行各种支付活动，用户出门不用带钱包，商家也不用找零。

（2）管理方便。用户可以随时随地对个人账户进行转账、查账、还款等管理操作，如用户可以在支付宝中绑定自己的多张银行卡（见图3-1），进行统一管理。基于先进的移动通信技术和简易的手机操作界面，用户可定制自己的消费方式和个性化服务，账户交易更加简单方便。例如，用户可以在支付宝中为自己信任的部分应用设置小额免密支付，当付款金额小于或等于一定金额时，付款时无须输入支付密码，更为便捷，如图3-2所示。

（3）高度融合。移动支付融合了购物、娱乐、交通等多样化的服务，覆盖了日常生活的各个领域。例如，用户可以在移动支付平台购买各种理财产品，满足个性化的投资理财需求。又如，用户在乘坐公共交通工具、购买电影票、商店购物、租借充电宝等场景中均可使用移动支付，图3-3所示为支付宝中的公交卡。

（4）支付安全。支付安全是移动支付的核心问题之一。移动支付采用高安全级别的智能卡芯片，同时以数字签名和数字证书为核心技术，在用户和商家共享支付信息的情况下，保障了支付环节的有效性、可靠性和安全性。

👜**动手做**

在支付宝中领取本地公交卡

请完成以下操作。

（1）打开支付宝App，点击首页中的"出行"按钮🚕，在打开的界面中点击 前往领取 按钮。

（2）在打开的界面中点击选中合适的单选项，然后点击 同意协议并领卡 按钮，然后根据系统提示进行验证，领取本地公交卡。

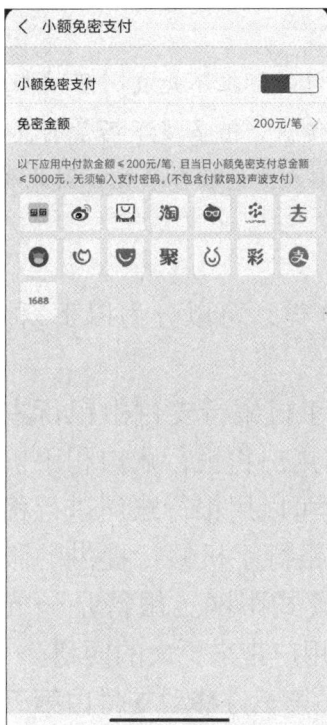

图3-1　绑定银行卡　　　图3-2　设置小额免密支付　　　图3-3　支付宝中的公交卡

活动2　移动支付的类型

小艾在便利店碰到李经理，她听到李经理对店员说要用交通银行App付款，就疑惑地问："交通银行也支持手机付款了？那和支付宝支付有什么区别呢？"李经理说："前者是银行主导的，后者是第三方支付平台支付宝主导的，这是主导机构上的区别。其实，移动支付可以按照不同的标准进行分类，类型非常多。"

1. 按传输方式分类

移动支付按传输方式，可以分为远程支付和近场支付两类。

（1）远程支付。远程支付是指通过在手机端发送支付指令或借助支付工具进行的支付，如通过支付宝App缴水电气费、购买电影票等场景。

（2）近场支付。近场支付是指用户在购买商品或服务时，即时通过手机向商家进行支付，支付的处理在现场进行，如通过云闪付"碰一碰"支付（其实本质是NFC支付，后文将详细介绍）。

经验之谈

区分远程支付与近场支付的标准不是支付终端与收款终端的距离，而是看支付指令是否会通过网络进行传输。很多线下场景的支付终端距离收款终端很近，但其本质上需要通过网络来接入支付后台系统，因此属于远程支付。

2. 按主导机构分类

移动支付按主导机构分类，可以分为以下3种类型。

（1）手机银行支付。手机银行支付由银行主导，其运行模式很简单，即用户将银行账户和手机银行账号绑定，这样用户就可以用银行账户进行移动支付。图3-4所示为交通银行手机银行提供的服务。这种移动支付的运行模式跟网上银行是一样的，但是其移动性特征能给用户带来更大的便利。

（2）第三方移动支付。第三方移动支付由第三方平台主导，是指用户使用第三方支付平台提供的移动支付工具完成资金转移和支付结算的一种支付方式。用户首先需在第三方支付平台中创建账户并绑定银行卡，然后在手机上通过输入密码或指纹验证等方式验证身份，完成支付。其典型代表有微信支付、支付宝、云闪付等。

①微信支付：微信支付是由腾讯公司与旗下第三方支付平台财付通联合推出的移动支付工具，是集成在微信App中的支付功能，目前已支持线下扫码、微信公众号/小程序、App等场景中的支付，并支持微信用户之间的转账。

②支付宝：支付宝是阿里巴巴旗下的第三方支付平台，致力于提供"简单、安全、快速"的支付解决方案。支付宝适用的场景包括转账，信用卡还款，水电气费缴纳，电影演出购票，购买基金、股票、理财产品等。

③云闪付：云闪付是中国银联推出的银行业统一App，用户通过云闪付可以绑定并管理各类银行账户，并使用各家银行的移动支付服务及优惠权益，这是云闪付的一大优势。截至2022年3月，云闪付累计注册用户数已达到4.6亿。

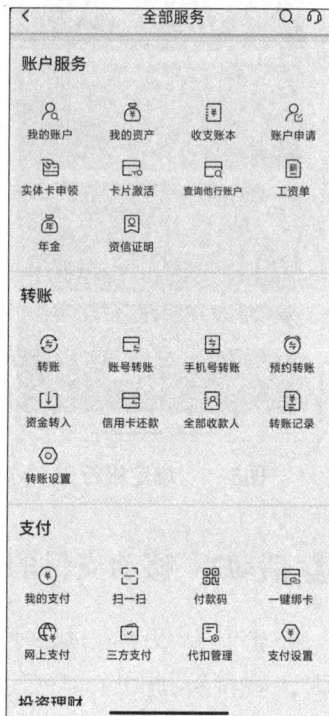

图3-4 交通银行手机银行提供的服务

（3）移动运营商支付。移动运营商支付由移动运营商主导，以移动运营商代收费业务为主，银行完全不参与其中。这类支付工具在进行移动支付时，一般是将话费账户作为支付账户，用户在网上可以直接使用账户话费购买或兑换各种商品。目前这种模式已经较少见，仅在移动运营商相关平台中还可以看到，图3-5所示为中国电信官方话费购物平台。

图3-5　中国电信官方话费购物平台

活动3　移动支付的发展

李经理回忆说，几年前移动支付还默默无闻，让其进入人们视野的一大事件是分别背靠腾讯和阿里巴巴的几个互联网打车软件间的营销战，当时用户打车时使用微信支付或支付宝可享受大额优惠，因此这可以视作微信支付和支付宝之间对用户的争夺。此后，移动支付发展走上了"快车道"。小艾听了后说："那移动支付现在发展得如何了？很好奇未来会发展成什么样呢。"于是，李经理向她介绍了移动支付的发展现状和发展趋势。

1. 移动支付的发展现状

根据中国支付清算协会2022年6月发布的《中国支付产业年报2022》，2021年，国内银行办理的移动支付业务数量和金额分别为2012年的282.67倍和228.13倍，支付机构处理的移动支付业务数量近万亿笔，金额为359.49万亿元，分别比上年增长27.01%和19.38%。

如今，移动支付已经成为人们生活的一部分。在各大电商平台、短视频平台或直播平台上，人们选好商品后，轻轻一点就能完成支付，将自己想要的东西买回家。同时，人们的线下支付行为也被移动支付所深深影响，衣食住行等各个领域，不论是打车、逛街购物、吃饭、买电影票，还是交话费等，都可以使用手机完成支付，甚至很多人出门已经不再携带现金。

在用户方面，根据艾媒咨询提供的数据，移动支付的用户画像如图3-6所示。根据相关调查，超过90%的受访用户主要使用手机支付，54.9%的受访用户每天使用1～3次移动支付应用软件；在选择移动支付平台时，受访用户会优先考虑支付和隐私方面的安全。

年龄

多集中在22～40岁，占比超过70%

性别

女性用户占比稍高，为57.1%

地域

超4成分布于华东、华南地区

学历

27.2%为大学专科学历，54%为大学本科学历

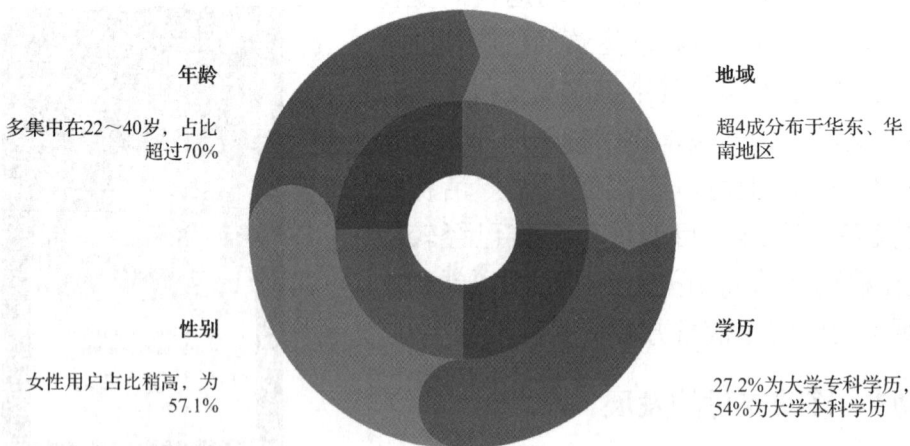

图3-6　移动支付的用户画像

在移动支付服务提供商方面，微信、支付宝凭借强大的技术研发实力，扩展了移动支付的使用场景，提供了多样化、个性化的金融服务，构建起了完整的金融生态圈。同时，各大银行也在移动支付领域进行了较大的投入，中国银联推出的云闪付凭借力度较大的优惠补贴吸引了大量用户。

移动支付还应用于多项公共服务，市民可以足不出户完成缴费、办事。各地政府部门联合移动支付平台建设"数字市民中心"，为市民提供公安、公积金、医疗、环保、税务、民政、教育、水电、交通等方面的服务。例如，广东税务部门和微信支付合作打造了小程序"粤税通"（见图3-7），为市民提供社会保险费缴纳、申报纳税、开具发票、涉税查询等多项服务。

图3-7　粤税通

🖊️动手做

探索微信城市服务

请完成以下操作。

（1）打开微信App，点击底部的"我"按钮👤，在打开的界面中点击"服务"选项。

（2）在打开的"服务"界面中点击"城市服务"选项，在打开的界面中的"热门服务"栏中点击"便民服务"选项，查看其中有哪些服务。

（3）返回"服务"界面，点击"生活缴费"选项，在打开的界面中查看可以缴纳哪些生活费用，尝试缴纳电费或燃气费。

2. 移动支付的发展趋势

移动支付行业发展迅速，就目前而言，我国移动支付呈现出以下发展趋势。

（1）线下支付领域不断创新。移动支付不仅为用户带来了便利，还提高了商家的经营效率，大大降低了商家的经营成本，使"无人超市"（见图3-8）"数字景区"等模式得以实现。移动支付为线下支付领域的创新提供了基础，可以预见的是，随着相关技术的发展、新零售业态的普及，未来线下支付领域将会出现更多创新模式。

图3-8 无人超市

📇经验之谈

无人超市24小时不间断营业，不需要营业员，能实现扫码开门、人脸识别、防盗监控、远程客服、智能收银等功能，支持微信支付、支付宝等支付方式。而在数字景区中，游客可以通过线上购票、自助取票、扫码/刷脸入园，减少排队购票、检票时间。

（2）下沉市场发展空间大。目前，一、二线城市移动支付的普及率已经达到非常高的水平，增长空间有限，而在三、四线城市及农村地区等下沉市场，移动支付仍有很大的发展空间。而且，在微信支付和支付宝占据绝对优势的背景下，其他移动支付平台要想获得更大的市场份额，必须抢占下沉市场，在新的领域有所作为。图3-9所示为云闪付在农村地区推广移动支付。未来，随着市场下沉，移动支付将在助力小微企业发展、服务"三农"（农业、农村、农民）、提升农村市场的消费潜力方面发挥较大作用。

图3-9　云闪付在农村地区推广移动支付

（3）移动支付平台将走向世界。当前，以支付宝、微信为代表的我国移动支付平台不断开拓海外市场，已经获得不少国家和地区用户的信赖。未来，随着我国科技实力的进一步增强，我国移动支付平台将会扩大自己的国际影响力，让我国的移动支付技术和业务运营模式惠及更多的国家和地区，为当地用户带去便利，促进当地经济的发展。

✎ 素养小课堂

移动支付给众多行业带来了天翻地覆的变化。作为新时代青年，大家应该多关注移动支付的相关报告和研究成果，思考移动支付给自身以及未来想从事的行业带来的机遇和挑战，有针对性地提升自我，成为与时俱进的人才。

任务二　探索移动支付的方式和应用场景

任务描述

小艾去便利店买午餐，结账时手机出现了问题，付款码老是打不开，好在碰到李经理，他帮小艾垫付了钱。李经理对着屏幕露了下脸，就完成了支付，并告诉小艾这是新兴的支付方式——刷脸支付。回办公室后，小艾要还钱给李经理，李经理让她使用微信转账，并说微信转账属于移动支付的日常应用场景。小艾听了非常感兴趣，李经理就为小艾讲解当前移动支付的方式和应用场景。

任务实施

活动1　移动支付的方式

小艾说自己熟悉的移动支付方式只有扫码支付，李经理说移动支付的方式有很多，需要详细了解。

1. 扫码支付

扫码支付是通过扫描条形码或二维码读取支付地址，调用手机钱包软件完成支付和资金的转移。扫码支付是目前国内较为主流的移动支付方式，其中又以支付宝支付和微信支付最为典型。扫码支付方式主要有两种：一种是用户让商家扫描自己出示的付款码进行付款，如图3-10所示；另一种是用户扫描商家给出的收款码进行转账付款，如图3-11所示。

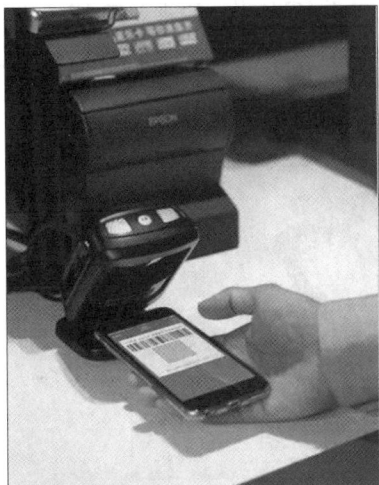

图3-10　用户的付款码

图3-11　商家的收款码

2. NFC支付

NFC支付是指用户在购买商品或服务时，即时采用NFC技术，使用手机射频、红外线感知、蓝牙等通道，使手机实现与自动售货机以及POS机的本地通信，从而实现近距离小额支付。NFC支付被视为十分重要，且较容易实现的一种移动支付方式。NFC支付以NFC技术和手机等支付设备为基础，需要在线下面对面进行，不需要使用无线网络。而且相较于扫码支付，NFC支付对光线和扫描位置的要求不高，通常只需要将手机等支付设备在NFC识别区域"碰一碰"即可完成，如图3-12所示。使用NFC支付需要设备支持NFC技术，目前市面上支持该技术的设备主要有NFC手机、NFC POS机、NFC自动售货机和NFC读卡设备等。在国内，NFC支付的典型代表有华为支付、小米支付等。

图3-12　NFC支付

3. 指纹支付

指纹支付是采用已成熟的指纹系统进行身份认证，从而完成消费过程的一种新型支付方式。要使用指纹支付，用户首先要将指纹录入手机，然后在支付宝等支付软件中开启指纹密码功能。开启后，用户在使用支付宝等支付软件进行支付和转账时，无须输入密码，只需进行指纹验证，如图3-13所示。

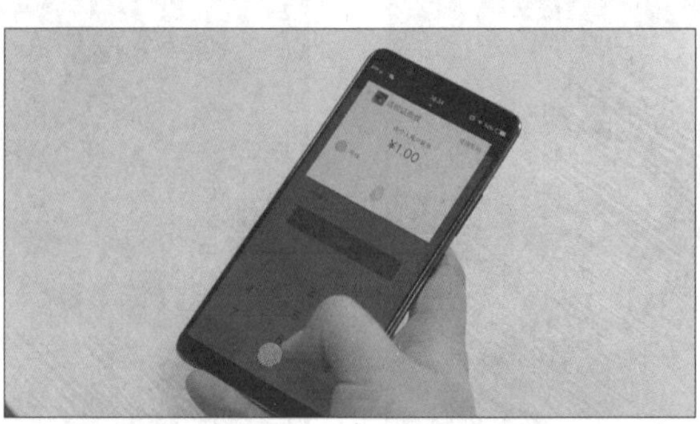

图3-13　指纹支付

4. 刷脸支付

刷脸支付是一种基于人脸识别系统的支付方式，使用这种支付方式，用户结账时不用打开手机App，只需在收银台面对刷脸支付设备（见图3-14）上部的摄像头，系统就能自动识别，扫描其面部，再把图像与数据库中的存储信息进行对比，识别出用户的身份信息，用户只需在触摸显示屏上点击相应按钮进行确认即可完成支付。

支付宝和微信分别于2018年、2019年推出了刷脸支付产品"蜻蜓"和"青蛙"。由于两大主流平台大力推广刷脸支付，目前刷脸支付已经进入大规模应用阶段，用户在部分大型超市、便利店、连锁餐厅以及地铁站可以使用刷脸支付。可以预见的是，随着刷脸支付技术的进一步成熟，刷脸支付在未来将会越来越普及。

图3-14 刷脸支付设备

经验之谈

刷脸支付虽然便捷，但也引起了部分人对于其安全性的担忧，他们认为不法分子可以通过照片、视频或者人脸模型来冒充他人，实现盗刷。其实，刷脸支付采用的是3D人脸识别技术，能够有效鉴别采集到的人脸是否是照片、视频或者3D软件模拟生成的，进而有效地避免人脸伪造带来的身份冒用情况。

5. 无感支付

无感支付在交通领域应用广泛，其最早应用于停车场，后来扩展到高速公路，覆盖场景包括停车场（见图3-15）、收费站等。无感支付通过识别车牌来实现自动扣费，用户需要事先将支付宝、微信或者银行账户与车牌绑定，收费站入口有摄像头自动识别车牌，出口也有摄像头自动识别车牌并完成扣费，用户最快只需2秒即可完成缴费离场。

> 💡 **知识窗**
>
> 无感支付是借助物品某一种独一无二的特征，绑定相关的支付工具，然后通过生物识别或者图像扫描等方式实现识别，从而完成支付的支付方式。

💡 **知识窗**

图3-15　停车场无感支付

👤 活动2　移动支付的应用场景

李经理告诉小艾，他昨天早上坐地铁、在便利店买早餐，午休时逛淘宝App买东西，下午为家里交燃气费，临下班时在美团App上预定晚餐餐厅、购买电影票，这些事情都是通过移动支付完成的。移动支付的应用场景非常多，这里介绍几个有代表性的场景。

1. 生活缴费

随着移动支付技术的发展，以往需要在线下营业厅办理的生活缴费业务现在在手机中就可以完成，主要包括水费、电费、燃气费、网络费、话费等的缴纳。这种场景中的移动支付属于远程支付，相关收费机构已经和银行或银联合作，用户在手机中利用银行账户、第三方支付账户等就可以将资金划转至相关机构。图3-16所示为翼支付App的生活缴费界面。

2. 交通出行

在移动支付普及前，人们出行往往需要携带公交卡，以便乘坐公交车和地铁。现在，公交卡的功能已经被集成到手机中，用户使用手机即可支付出行费用，甚至部分地区的地铁还开通了刷脸支付，用户在地铁闸机前刷脸就可以快速通过闸机。图3-17所示为天府通App界面，其集成了成都市实体公交卡的功能，支持用户乘坐地铁、公交车，并享受与使用实体公交卡相同的优惠。此外，用户还可使用互联网打车软件在线"呼叫"附近的出租车或快车，到达目的地后打车软件会自动扣除打车费（用户需绑定银行卡或第三方支付账户），非常便捷。

3. 电商购物

电商购物指的是利用手机在电商平台中购物的场景。随着移动互联网的发展，用户网购时已经不需要老实地坐在计算机前，而是可以利用手机随时随地地完成浏览、选择、下单、支付的全过程。至于其中关键的支付环节，为了保证支付安全，很多电商购物App会开发自己的支付工具或者接入微信支付、支付宝等插件，图3-18所示为在拼多多App中购物可以选择的支付工具。

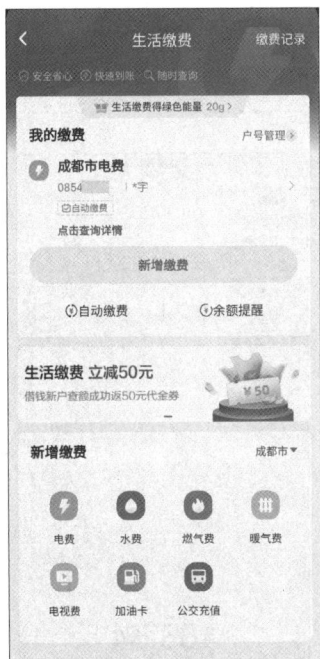

图3-16　翼支付App的生活
缴费界面

图3-17　天府通App界面

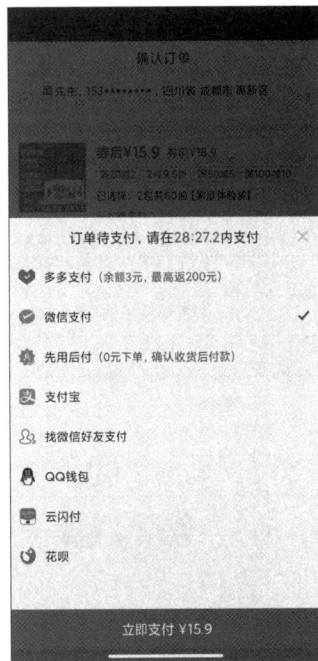

图3-18　拼多多App中的
支付工具

4. 小额转账

以前要给他人转账，用户需要前往银行或者自动取款机操作，这样不仅耗时，而且麻烦。随着移动支付越来越便捷，越来越多的人开始通过手机进行小额转账。尤其是微信支付，其依托微信的社交关系网络，已经成为很多用户向自己的好友转账时的首选。同时，微信还考虑到了支付的社交属性，推出了群红包、拜年红包、群收款、面对面红包等功能，旨在满足社交场景中多样化的小额转账需求。图3-19所示为在微信群中发送专属红包（指定收款人的红包）的界面。

动手做

发起微信群收款

请完成以下操作。

（1）打开微信App，点击右上角的⊕按钮，在打开的列表中点击"收付款"选项，在打开的界面中点击"群收款"选项。

（2）在打开的界面中点击 选择聊天 按钮，如图3-20所示。在打开的界面中选择需要发起群收款的群，进入"群收款"界面，设置总金额、参与人数以及收款事由，点击 发起收款 按钮，系统将自动计算出每人需支付的金额，如图3-21所示。

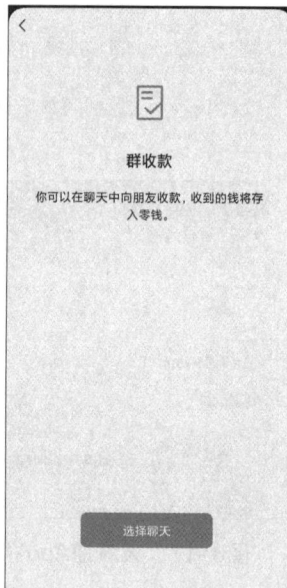

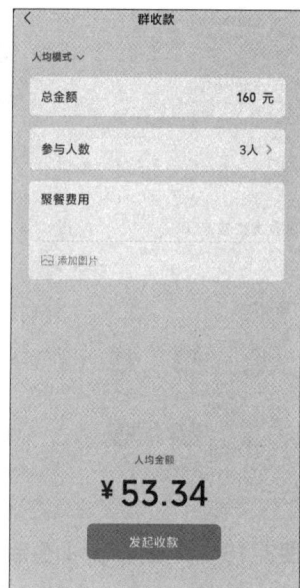

图3-19　在微信群中发送　图3-20　点击"选择聊天"按钮　图3-21　"群收款"界面
　　　专属红包的界面

5. 线下餐饮消费

虽然外卖非常便捷，但线下餐饮消费对于很多人而言依然是必需的。同其他线下消费场景类似，线下餐饮消费也支持移动支付，但其有一大特色——

扫码点餐。当前很多餐厅已经引进了扫码点餐系统，用户前往餐厅落座后只需扫码就可以在手机上浏览菜单，如图3-22所示。点好菜、完成支付后，订单上会显示用户的座位号，服务人员不需要询问就可以把菜品送到对应桌位。扫码点餐不仅可以帮助餐厅节省人力成本，还能提高用户的点餐效率，节省用户的时间。

图3-22　扫码点餐

6. 就医

排长队挂号、缴费、拿药已经成为很多人提起医院时首先想到的画面，然而现今移动支付已经覆盖就医场景，这方面的典型代表是支付宝智慧医院。患者就医前可以在支付宝中选择科室（医生）、时段，支付挂号费用，完成挂号；就医时如果需要做检查或拿药，支付宝会推送检查单或药单，患者点击即可支付对应费用，医院工作人员直接通过系统就可以查询到患者已付款，因而患者无须完成拿小票、盖章等烦琐步骤。可以说，移动支付大大提高了患者就医效率、医院服务水平与服务效率。图3-23所示为支付宝智慧医院的宣传海报，患者扫码即可进入支付宝智慧医院。

图3-23　支付宝智慧医院的宣传海报

近年来，移动支付在有效降低社会成本、提升居民生活便利程度、有效促进居民消费、助力中小企业发展等方面发挥了明显的作用。由此可见，商业上的创新不仅能创造利润，还可以推动社会进步。

7. 理财

金融市场瞬息万变，为了更好地应对市场变化，很多用户对移动理财有较大的需求，希望能随时随地完成理财操作，如买卖股票、基金等。移动支付技术的成熟让这成为现实。现在，用户不仅可以通过手机中的支付宝、微信、手机银行等平台买卖股票、基金、债券、期货、黄金等（见图3-24），还可以将自己闲置的资金转入余额宝、零钱通赚取收益，其中的资金可以随时转出，还可以用于消费支付、购买其他理财产品、信用卡还款（见图3-25）等，操作便捷，大大降低了理财的门槛。

图3-24　支付宝中的理财服务　　图3-25　使用余额宝资金进行信用卡还款

移动支付的应用场景还有很多，包括便利店/商店消费、支付停车费/过路费等、预定景点门票/酒店/接车服务等、缴纳税款等。总之，移动支付已覆盖生活的方方面面。

任务三 认识数字人民币

任务描述

一天，小艾在银行的朋友向她推荐数字人民币，并说现在京东正在搞活动，用数字人民币支付可以享受优惠。小艾把这个消息告诉了李经理，李经理说自己早就在使用数字人民币了，并向小艾仔细介绍了数字人民币。

任务实施

活动1 数字人民币的含义

李经理说，人类的货币形态在历史上经历了很大的变化，很早以前人们使用贝壳作为货币，然而其数量有限，后来又出现了金属货币，但毕竟很笨重，不容易流通，于是纸币开始全面普及。随着时代的发展，人类社会开始数字化，因此也出现了数字人民币。

数字人民币是由中国人民银行（以下简称"央行"）发行的数字形式的，具有国家信用背书、有法偿能力的法定货币，由指定运营机构参与运营并向公众兑换，是可以作为一般支付工具使用的法定货币。具体来说，该定义主要有以下含义。

1. 数字人民币是法定货币

数字人民币与实物人民币一样是法定货币，具备货币的基本功能（如衡量商品或服务的价值、担当交易媒介等）；数字人民币是法定货币的数字形式，其发行、流通管理机制与实物人民币一致，但呈现为数字形式；数字人民币以国家信用为支撑，有较强的保障，具有法偿性（即任何机构或个人不得拒收）。

2. 数字人民币是对实物人民币的补充

数字人民币主要定位于现金类支付凭证，不是要取代实物人民币，而是与其长期共存，以满足不同人群和不同场合的支付需求。人民银行不会因发行数字人民币而轻易停止实物人民币的发行。

3. 数字人民币主要用于满足国内零售支付需求

数字人民币是一种面向社会公众发行的零售型货币，其推出目的是充分满足公众的日常支付需要，因此数字人民币的使用范围涵盖了各种日常消费场景，如在外卖平台点外卖、在便利店购买商品、乘坐地铁等。

活动2　数字人民币的特点

小艾也想使用数字人民币，但又担心不安全，怕自己的个人信息被泄露。李经理说这种担心是多余的，数字人民币的安全性和隐私性很高，可以放心使用。接着，李经理向小艾全面介绍了数字人民币的特点。

1. 安全

数字人民币综合使用数字证书体系、数字签名、安全加密存储等技术，实现不可重复花费、不可非法复制伪造、交易不可篡改及抗抵赖等特性，并已初步建成多层次安全防护体系，保障数字人民币的安全和风险可控。

2. 小额匿名、大额依法可溯

数字人民币遵循"小额匿名、大额依法可溯"的原则，一方面非常注重个人数据和隐私的保护，相比传统支付方式收集更少的交易信息，且央行内部设有信息保障机制，严格执行信息安全和隐私保护管理，以防止信息泄露和不当使用。另一方面，数字人民币的设计也能防止其被用于非法犯罪活动，如电信诈骗、网络赌博、洗钱、逃税等，维护国家金融安全。

3. 低成本

央行不向数字人民币的指定运营机构收取兑换流通服务费用，数字人民币的指定运营机构也不向个人客户收取数字人民币的兑出、兑回服务费。

4. 不计付利息

数字人民币与实物人民币一样，不计付利息，也就是说，数字人民币钱包里的余额不会产生利息。

> **知识窗**
>
> 数字人民币钱包是一款移动终端App，也是数字人民币的载体。数字人民币钱包按照用户身份识别强度分为不同等级的钱包，对应不同的单笔、单日交易及余额限额。最低权限的钱包不要求提供身份信息，以体现匿名设计原则。用户在默认情况下开立的是最低权限的匿名钱包，可根据需要自主升级为高权限的实名钱包。
>
> **知识窗**

活动3　数字人民币的发展

李经理告诉小艾，我家对于金融活动的安全非常重视，要依法将各类金融活动全部纳入监管，守住不发生系统性风险底线。在移动支付大范围普及的背景下，国家也意识到有必要研发数字人民币。接着，李经理便重点为小艾介绍了数字人民币的发展情况。

1. 数字人民币的问世背景

数字人民币的诞生不是偶然的，而是国家在一定的社会经济背景之下主动策划、设计的结果。具体来说，数字人民币的问世背景主要有3点。

（1）国内现金使用率大幅下降。根据国家发展和改革委员会公布的数据，截至2022年8月末，中国流通中货币（M0，即现金）余额仅剩9.72万亿元，占广义货币（M2）的比重从2000年的10.6%降至3.7%。

（2）国内移动支付迅速崛起。目前国内移动支付的相关技术已经成熟，覆盖大量场景，支付宝、微信支付两大巨头实力雄厚，占据大量市场份额。

（3）金融数字化势在必行。数字化是大势所趋，数字人民币属于升级的数字金融基础设施，可以助力金融数字化发展。

2. 数字人民币的发展历程

目前，数字人民币已经在国内多个城市开始试点，很多用户已经开始使用数字人民币进行支付。其实，数字人民币在我国的发展历程可以追溯到2014年，当时国家就提出要研发数字人民币。此后，数字人民币的研发和推广进度逐渐加快，具体的发展历程见表3-1所示。

表3-1　数字人民币的发展历程

时间	事项
2017年1月	中国人民银行数字货币研究所正式成立，承担数字人民币的研究开发、标准规划等职能
2019年8月	央行召开会议，提出下半年要加快数字人民币的研发进度
2019年9月	数字人民币的"闭环测试"开始启动，模拟测试涉及一些商业和非政府机构的支付方案
2020年1月	央行官方微信公众号发布文章"盘点央行的2019：金融科技"，表示基本完成数字人民币顶层设计、标准制定、功能研发、联调测试等工作
2020年4月	数字人民币率先在深圳、苏州、雄安、成都及冬奥场景内进行试点测试（见图3-26）
2020年10月	深圳市人民政府联合央行在深圳市罗湖区开展数字人民币红包试点
2020年12月	全国首张数字人民币保单诞生

续表

时间	事项
2021年	数字人民币在上海、海南、长沙、青岛、大连、西安试点
2021年3月	六大国有银行（中国建设银行、中国工商银行、中国农业银行、中国银行、交通银行、中国邮政储蓄银行）全面推出并开始推广数字人民币钱包
2021年7月	央行数字人民币研发工作组发布了《中国数字人民币的研发进展白皮书》，为数字人民币发展研究提供了新指导
2022年1月4日	数字人民币（试点版）App在各大安卓应用商店和苹果App Store上架。上架不到一个月，下载人数超过2 000万
2022年1月6日	微信支持数字人民币，这意味着数字人民币开始逐步进入大众的视野
2022年8月31日	15个省（市）的试点地区累计交易笔数3.6亿笔、金额1 000.4亿元，支持数字人民币的商户门店数量超过560万个

图3-26　数字人民币试点测试

经验之谈

从使用体验看，数字人民币支付与微信支付、支付宝等第三方移动支付类似，同样支持转账、支付、充值等，可广泛地用于个人和企业等各类日常交易场景，但有一点明显区别——第三方移动支付使用时必须接入网络，数字人民币离开网络照样可以使用。此外，数字人民币是法定货币（相当于花出去的是现金），而微信支付和支付宝只是一种支付工具（花出去的是银行账户里的余额），收款方可以不支持微信支付和支付宝，但不得拒收数字人民币。

同步实训

实训一 体验移动支付

实训描述

本次实训要求同学们使用支付宝体验移动支付，具体包括开通付款码免密支付、指纹支付、到店刷脸支付等功能，到线下门店进行刷脸支付、扫描商家收款码付款、出示付款码付款，缴纳电费，使用乘车码乘坐地铁，购买并核销生活服务团购券。

操作指南

使用支付宝体验移动支付，可以参考以下步骤进行操作。

步骤 01 打开支付宝App，点击底部的"我的"按钮 👤，在打开的界面中点击右上角的 ⚙ 按钮，在打开的"设置"界面中点击"支付设置"选项，如图3-27所示，在打开的界面中点击"免密支付/自动扣款"选项，如图3-28所示。

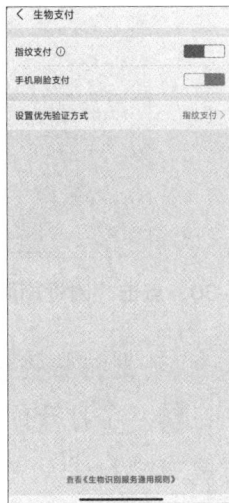

微课视频

体验移动支付

步骤 02 在打开的"免密支付/自动扣款"界面中点击"付款码免密支付"选项，在打开的界面中点击开关按钮，设置付款码免密支付。

步骤 03 返回"支付设置"界面，点击"生物支付"选项，在打开的界面中点击"指纹支付"对应的开关按钮，如图3-29所示。

图3-27 点击"支付设置"选项 图3-28 点击"免密支付/自动扣款"选项 图3-29 开启"指纹支付"功能

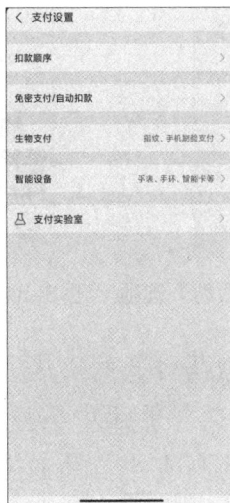

步骤 04 返回支付宝App首页，在上方搜索框中输入"刷脸设置"，在打开的界面中点击"小程序"选项卡，点击"刷脸设置"选项，在打开的界面中点击"到店刷脸支付"选项，在打开的界面中点击"到店刷脸支付"的开关按钮，在打开的面板中点击 一键开通 按钮，即可开通到店刷脸支付。点击下方的"附近刷脸门店与活动"选项，如图3-30所示，在打开的界面中查看附近支持支付宝刷脸支付的门店。

步骤 05 前往其中一家门店，在刷脸支付屏幕上点击"点击开启刷脸支付"按钮，将脸部对准屏幕中的识别区域，识别成功后屏幕中将提示刷脸成功，在屏幕中点击相应按钮进行确认即可完成刷脸支付。

步骤 06 在线下找一家展示有商家收款码的门店，在店中消费，然后打开支付宝App，在首页中点击"扫一扫"按钮，如图3-31所示，扫描商家展示的收款码，在打开的界面中输入金额完成付款。

图3-30　点击"附近刷脸门店与活动"选项　　图3-31　点击"扫一扫"按钮

步骤 07 找到支持扫描用户付款码付款的门店，在支付宝App首页中点击"收付款"按钮，在打开的"收付款"界面中会显示付款码，点击下方的"优先使用此付款方式"栏，在打开的列表中点击选择优先的付款方式，包括余额宝、各种银行卡等。返回"收付款"界面，出示付款码付款。

步骤08 返回支付宝App首页，点击"生活缴费"按钮 ⚡，在打开的界面中点击"新增缴费"按钮 ➕，在打开的面板中点击"电费"选项，如图3-32所示。

步骤09 在打开的"新增缴费"界面中的"户号"栏中输入户号，点击"设置分组"下方的文本框，在打开的面板中点击选择所属小区，然后点击 确定 按钮，返回"新增缴费"界面，点击选中下方的单选项，然后点击 下一步 按钮，如图3-33所示。

步骤10 在打开的界面中的"手机号码"栏中输入手机号，选择或输入缴费金额，然后点击 立即缴费 按钮，如图3-34所示。在打开的面板中点击 确认交易 按钮即可完成付款。

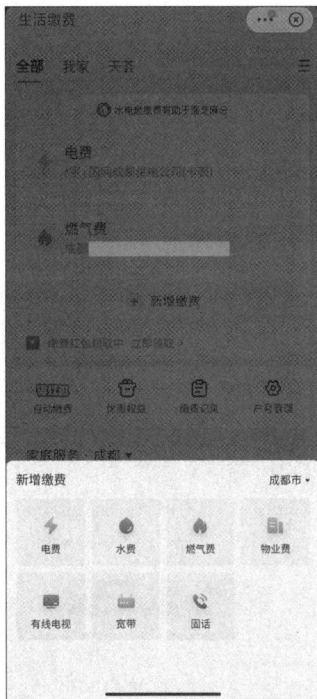

图3-32 点击"电费"选项　　图3-33 新增缴费项目　　图3-34 输入手机号并设置缴费金额

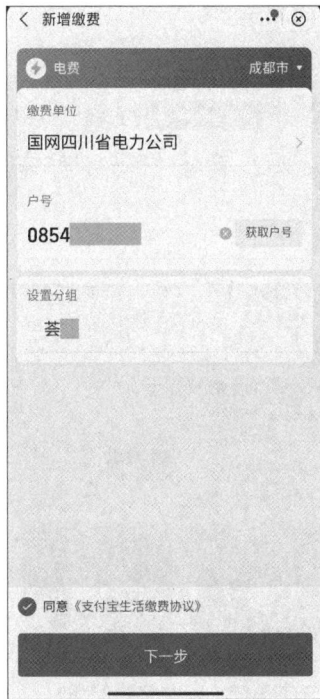

步骤11 前往地铁站，在支付宝App首页中点击"出行"按钮 🚇，在打开的界面中点击"地铁"选项卡，在打开的界面中将显示地铁乘车码，将乘车码对准地铁闸机上的扫描区，完成扫码后闸机将打开，通过即可进站。出站时按照同样的方法扫码，系统将自动计算费用并扣费。点击地铁乘车码下的"乘车记录"按钮，可以在打开的界面中查看行程与扣费情况，如图3-35所示。

步骤12 返回支付宝App首页，点击"口碑团购"按钮😊，在打开的"口碑团购"界面中浏览附近的生活团购，点击进入感兴趣的火锅店团购券详情页，点击 立即购买 按钮，如图3-36所示，在打开的界面中点击 提交订单 按钮。

步骤13 在打开的面板中点击 确认交易 按钮，在打开的面板中验证指纹，完成付款，在打开的界面中将提示团购券购买成功，如图3-37所示。

步骤14 前往火锅店消费后，进入"口碑团购"界面，点击"订单"按钮 ，在打开的界面中找到对应的订单，点击 到店使用 按钮。

步骤15 在打开的界面中点击 使用付款码核销 按钮，如图3-38所示，此时将打开付款码，商家扫码即可完成交易。

图3-35 查看行程与扣费情况

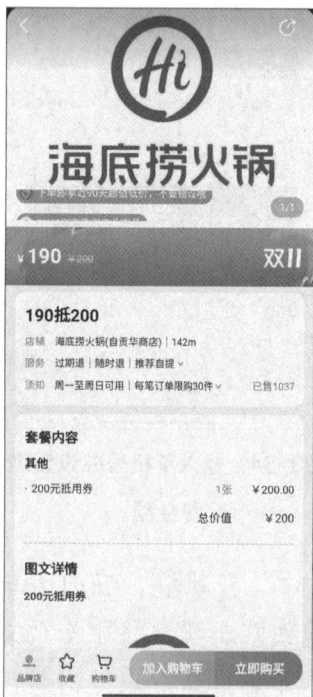

图3-36 点击"立即购买"按钮　　图3-37 购买成功　　图3-38 点击"使用付款码核销"按钮

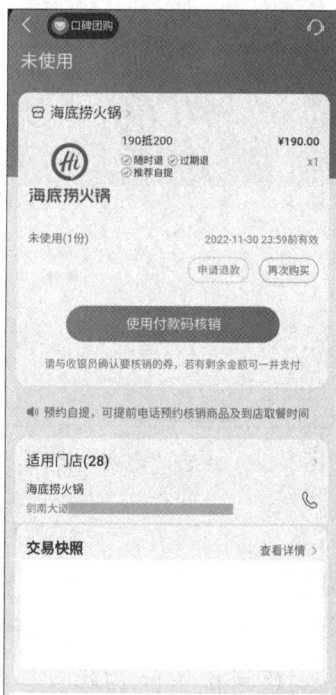

💬 **实训评价**

同学们完成实训操作后，提交操作截图，老师根据截图按表3-2所示内容进行打分。

表3-2　实训评价

序号	评分内容	总分	老师打分	老师点评
1	是否开通付款码免密支付、指纹支付、到店刷脸支付等功能	10		
2	是否通过刷脸支付完成付款	20		
3	是否通过扫描商家收款码和出示付款码完成付款	10		
4	是否成功缴纳电费	20		
5	是否成功使用乘车码乘坐地铁	20		
6	是否成功购买并核销生活服务团购券	20		

得分：_____

👤 实训二　开通并使用数字人民币钱包

📋 **实训描述**

本次实训要求同学们下载并安装数字人民币App，开通中国工商银行钱包（无须绑定中国工商银行卡），为其开通钱包快付，并充值50元，最后使用付钱码付款。

🔧 **操作指南**

开通并使用数字人民币钱包，可以参考以下步骤进行操作。

步骤 01 在应用商店搜索"数字人民币"，找到数字人民币App，下载后直接安装，按照系统提示获取并输入手机验证码，设置登录密码完成注册。

步骤 02 进入App，点击底部的"我的"按钮👤，在打开的界面中点击"开通/添加钱包"选项，如图3-39所示。在打开的界面中点击"中国工商银行"选项，如图3-40所示。

微课视频

开通并使用数字人民币钱包

步骤 03 在打开的界面中点击选中下方的单选项，点击 下一步 按钮，在打开的界面中输入验证码。在打开的界面中设置钱包名称，点击 下一步 按钮，如图3-41所示。

图3-39 点击"开通/添加钱包"选项　　图3-40 选择银行　　图3-41 设置钱包名称

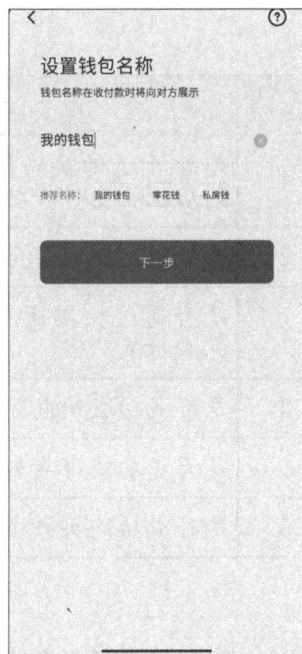

步骤 04 在打开的界面中设置支付密码，然后在打开的界面中再次输入相同的密码。在打开的界面中将显示钱包开通成功，并询问是否同意开通钱包快付，如图3-42所示，点击 同意 按钮。

步骤 05 在打开的界面中将显示手机中可以开通钱包快付的App，选择需要开通的App，点击 开通钱包快付 按钮，如图3-43所示。在打开的界面中点击 确认开通 按钮，然后输入之前设置的支付密码。

步骤 06 在打开的"开通成功"界面中将显示开通结果，点击 查看限额 按钮，在打开的界面中可以调整限额，如图3-44所示，这里保持系统默认限额。

经验之谈

开通钱包快付实际上就是为对应App开通免密快捷支付（可设置限额），开通后用户在使用该App进行消费并付款时，只需要在付款方式中选择数字人民币，即可实现限额内快捷付款。

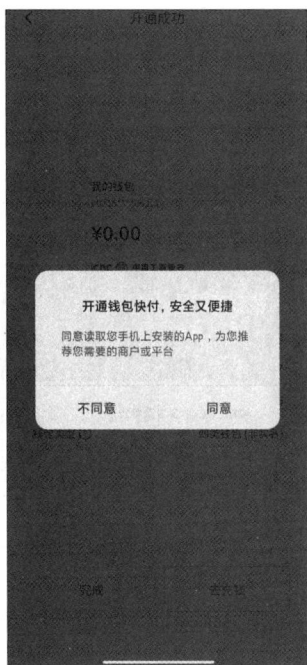

图3-42 询问是否同意
开通钱包快付

图3-43 选择需要开通钱包
快付的App

图3-44 调整限额

步骤 07 返回"开通成功"界面，点击 去充钱 按钮，在打开的"充钱包"界面中输入需充值的金额，点击 银行卡充钱,简单快捷 按钮，在打开的面板中点击"绑卡升级为二类钱包"选项。

步骤 08 在打开的界面中输入支付密码，在打开的"钱包升级"界面中输入姓名、身份证号，点击 验证人脸 按钮，在打开的界面中点击 同意并验证 按钮同意进行人脸验证，然后在打开的界面中按照系统提示进行人脸验证。

步骤 09 验证通过后，在打开的界面中输入要绑定的银行卡号，点击 确定 按钮，在打开的界面中将显示银行卡的卡号、卡类型和预留手机号，点击 验证银行卡 按钮。在打开的面板中点击 同意并继续 按钮，在打开的界面中输入验证码即可升级为二类钱包。

步骤 10 返回"充钱包"界面，在打开的面板中将显示刚绑定的银行卡，点击 确定 按钮，如图3-45所示。在打开的面板中输入支付密码即可成功为中国工商银行钱包充值。

步骤 11 返回数字人民币App主页，此时界面中将显示中国工商银行钱包。上滑界面，打开"向商家付钱"界面，点击 确认开启 按钮，如图3-46所示，在打开的面板中输入支付密码，在打开的界面中将显示付钱码，让商家扫描付钱码即可完成付款。

步骤 12 返回数字人民币App主页，点击中国工商银行钱包，在打开的界面中点击"交易记录"选项，如图3-47所示，在打开的界面中可查看该钱包的交易记录。

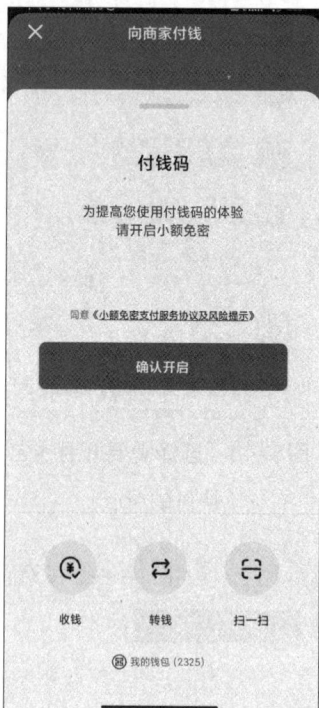

图3-45　为钱包充值　　图3-46　点击"确认开启"按钮　　图3-47　点击"交易记录"选项

💬 实训评价

同学们完成实训操作后，提交操作截图，老师根据截图按表3-3所示内容进行打分。

表3-3　实训评价

序号	评分内容	总分	老师打分	老师点评
1	是否成功开通中国工商银行钱包	20		
2	是否成功开通钱包快付	30		
3	是否成功充值	30		
4	是否成功使用付钱码付款	20		

得分：_____

项目总结

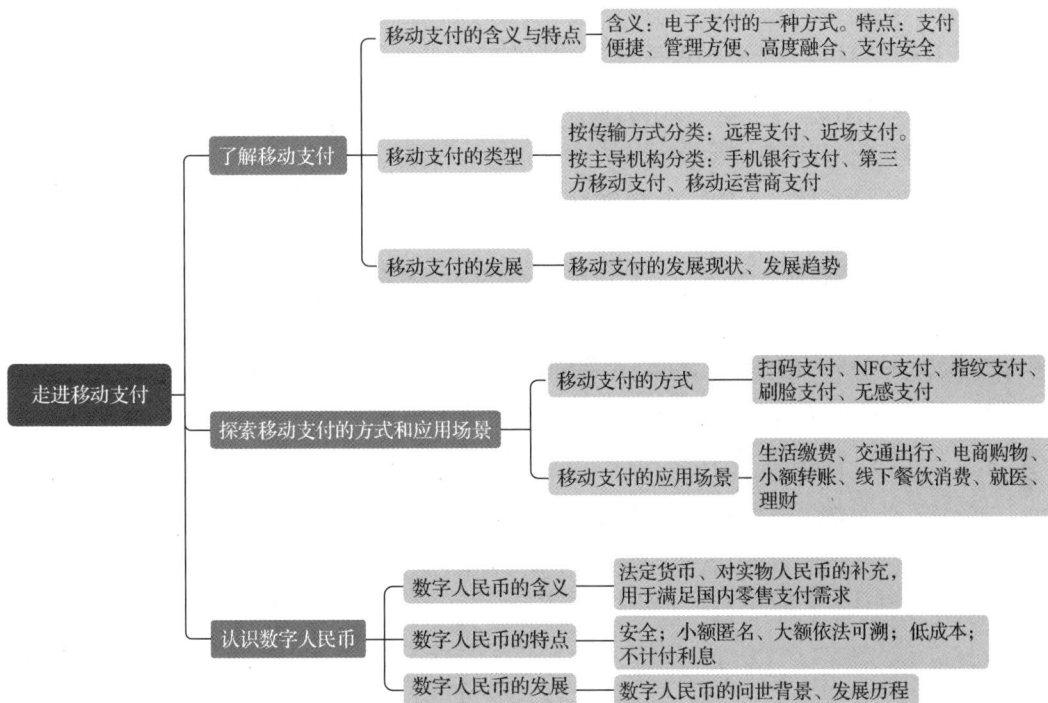

课后习题

一、单选题

1. 移动支付按（　　），可以分为远程支付和近场支付两类。
   A. 传输方式
   B. 支付终端与收款终端的距离
   C. 主导机构
   D. 运营模式

2. 下列各项中，不属于移动支付的是（　　）。
   A. 扫码支付
   B. 刷脸支付
   C. 指纹支付
   D. 现金支付

3. 下列各项说法中，不正确的是（　　）。
   A. 数字人民币不会取代实物人民币
   B. 数字人民币的小额交易是匿名的
   C. 数字人民币有国家信用作为担保
   D. 商家可以拒收数字人民币

二、多选题

1. 移动支付的特点有（　　　）。

    A. 支付便捷　　B. 高度融合　　C. 管理方便　　D. 支付安全

2. 下列各项中，属于第三方支付的有（　　　）。

    A. 云闪付　　　B. 支付宝　　　C. 微信支付　　D. 数字人民币

3. 移动支付的应用场景有（　　　）。

    A. 生活缴费　　B. 小额转账　　C. 交通出行　　D. 就医

三、判断题

1. 扫码支付方式主要有两种，一种是用户让商家扫描自己出示的付款码进行付款，另一种是用户扫描商家给出的收款码进行转账付款。（　　　）

2. 云闪付是中国电信推出的第三方支付App。（　　　）

3. 一旦开启指纹支付，用户在使用支付宝等支付软件进行支付和转账时，无须输入密码，只需进行指纹验证。（　　　）

项目四

认识移动营销

职场情境

　　小艾和李经理到成都出差，一下飞机，小艾的手机就收到了各种信息，包括机场接机服务优惠信息、成都必吃餐厅推荐、成都高性价比酒店推荐、成都十大值得打卡的景点推荐等。小艾很疑惑，这些信息怎么都跟成都有关。李经理告诉她："当前已经进入移动营销时代，各大企业都会根据用户的地理位置来为其精准推送营销信息。就比如我们现在在成都，手机就收到了关于成都餐厅的推送信息，如果我们想吃本地的特色美食，就很可能前往推送的某一家餐厅。这条推送信息就为这家餐厅吸引了客户。可见，移动营销针对性很强，效率很高。"小艾听后对移动营销很感兴趣，李经理打算为她详细讲解。

学习目标

◢ 知识目标

1. 熟悉LBS营销的特点、应用和方法。
2. 熟悉小程序营销的优势和策略。
3. 掌握App营销的特点、类型，熟悉App推广的方式和App营销活动策划的要求。

◢ 技能目标

1. 能够分辨LBS营销应用的类别。
2. 能够运用小程序营销策略开展营销活动。
3. 能够策划App营销活动并推广App。

◢ 素质目标

1. 遵守相关法律，保护好用户的个人信息。
2. 丰富自身内涵，拓展知识面。

任务一 LBS营销

任务描述

出差过程中，小艾打算和合作公司的伙伴去聚餐，但不知道哪家餐厅好。李经理建议小艾使用美团App或者大众点评App查看附近有哪些餐厅，还可以看餐厅的评价、购买菜品套餐。小艾问："这是怎么实现的？"李经理说："这是LBS营销的一种应用。待会儿我给你仔细讲讲。"

任务实施

👤 活动1 LBS营销的特点

小艾告诉李经理，她使用美团App查看附近餐厅的时候，手机会提醒是否赋予其定位权限，她很疑惑App为什么要获取用户定位信息。李经理说这是因为LBS营销需要定位服务的支持，LBS营销就是企业借助互联网，在固定用户或移动用户之间完成定位和服务销售的一种营销方式。它具有以下特点。

1. 覆盖率高

当前，LBS服务体系不仅覆盖了足够大的地域范围，而且覆盖了室内空间，这使LBS营销不仅能覆盖广大地区的用户，还能为处于室内的用户提供服务。例如，在结构复杂的大型商场中，用户可以通过百度地图查看商场中的店铺，然后依靠室内导航功能前往消费。图4-1所示为百度室内地图的相关介绍。

图4-1 百度室内地图的相关介绍

2. 信息推送精准

LBS营销可以利用各种定位技术来获取用户所持定位设备当前所处的位置，从而为用户提供当前位置所能获得的服务，具有营销信息推送精准的特点。并且，用户也可以查询目标位置，获取目标位置的信息和服务。例如，用户乘火车经过某地，就能收到当地的欢迎短信以及旅游推荐地信息。又如，用户使用美团App时将地址修改为重庆，美团App就会为用户推荐重庆当地的各种相关服务信息。

知识窗

LBS营销有两个基本前提，一是用户主动分享自己的地理位置，二是用户允许设备接收企业的推广信息。因此，企业开展LBS营销需要培养用户的使用习惯，要让用户乐于分享自己的定位信息，通过在智能手机中为App设置定位权限，允许App获取其定位信息，并同意接收营销信息。

知识窗

3. 重视用户需求

LBS营销将虚拟的社会网络和用户的实际地理位置结合起来，通过用户的位置信息了解用户在该位置的消费需求，如偏好的娱乐方式、喜欢的服装品牌等信息，从而为用户推送符合其消费需求的信息。例如，美团App根据用户的位置信息了解到用户经常前往理疗店进行理疗，判断用户对于理疗有常规性的需求，因此向其发放理疗店的优惠券，刺激用户后续在美团App上购买理疗服务。

素养小课堂

LBS营销是基于用户位置的营销，不可避免地要涉及用户位置等隐私信息。《网络安全法》第四十一条规定，网络运营者收集、使用个人信息，应当遵循合法、正当、必要的原则，公开收集、使用规则，明示收集、使用信息的目的、方式和范围，并经被收集者同意；第四十二条规定，网络运营者应当采取技术措施和其他必要措施，确保其收集的个人信息安全，防止信息泄露、毁损、丢失。

活动2 LBS营销的应用

小艾使用高德地图App打车，高德地图App很快就确定了她的位置，并为她分派了一辆距离很近的快车。小艾问李经理这是否属于LBS营销的应用。李经理说："对！LBS营销目前应用广泛，涉及人们生活的方方面面，包括生活服务、社交、旅游、广告推送等。"

1. 生活服务

LBS营销在生活服务方面的应用已经非常普及，目前人们日常生活中使用较多的主要是餐饮、生活购物以及打车等。

（1）餐饮。当用户有用餐需求，并通过LBS搜索所在位置附近或指定区域的餐厅时，LBS会根据用户需求为其推送符合搜索条件的餐厅，如图4-2所示。利用LBS，用户在相关线上平台（如大众点评App、美团App等）上不仅可以了解餐厅的基本信息，还能查看餐厅的评价，购买套餐券或代金券，如图4-3所示，然后前往线下餐厅用餐，用餐结束后使用代金券完成支付，同时还可以通过线上平台对该餐厅做出评价。

图4-2 查看附近餐厅

图4-3 查看餐厅评价和购买套餐券或代金券

> **动手做**
>
> ### 体验LBS餐饮服务
>
> 打开美团App，查看附近的餐厅，选择一家餐厅，购买代金券并前往消费。消费后点击美团App底部的"我的"按钮，在打开的界面中点击"待评价"按钮，查看订单并做出评价。

（2）生活购物。用户可以通过LBS搜索所在位置附近的商场、超市、便利店等并进行购物，如购买生鲜食品、零食、生活日用品、鲜花蛋糕、药品等。例如，用户可以在本地生活服务平台"京东到家"中搜索附近的商店并购买产品，如图4-4所示，京东到家将安排配送人员将产品送到用户手中。

（3）打车。用户可以通过打车平台发送打车请求，LBS会对用户进行定位，并通知附近车主，车主可以通过相应的平台查看用户的位置、接单并前往用户的位置，提供打车服务。图4-5所示为高德地图App的打车服务。

图4-4　京东到家

图4-5　高德地图App的打车服务

> **经验之谈**
>
> 　　LBS营销在生活服务方面的应用还涉及美容美发、休闲娱乐、酒店、运动健身等方面。

2. 社交

　　LBS营销还可以与社交结合，使线上虚拟社交转变为更直观、真实的线下社交，如很多社交应用具有的查找附近好友功能，让用户能够基于地理位置扩大好友群体。图4-6所示为微信中查看附近用户的界面。企业，尤其是提供本地服务的企业，可以通过个人微信添加附近的用户，将用户发展为好友后在朋友圈发布营销信息；还可以组建微信群，聚集生活在某一区域的用户，举办各种活动进行营销。

　　此外，微信、微博、小红书等社交应用都提供了发动态时添加地点的功能（见图4-7），并为热门地点开辟了专属界面，这让用户不仅可以在该界面中查看他人发布的相关动态，寻找有共同喜好的人，还可以在其中植入线下商家的广告。图4-8所示为小红书中某创意园区的专属界面。

图4-6　微信中查看附近
用户的界面

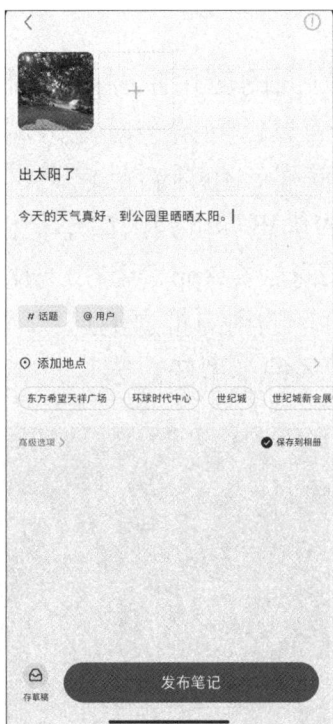

图4-7　发动态时可添加地点

图4-8　小红书中某创意园区
的专属界面

动手做

发布并查看带定位的动态

请完成以下操作。

（1）打开微信App，进入朋友圈，编辑好一条动态，点击"所在位置"选项，在打开的界面中选择想添加的位置，发布一条带有定位的朋友圈动态。

（2）浏览朋友圈，找到带有定位的动态，点击动态中标示定位的蓝色文字，在打开的界面中查看其他微信用户发布的与该位置有关的动态。

3. 旅游

旅游具有位置变动频繁、需线下体验的特点，LBS营销在旅游领域的应用非常广泛，主要体现在信息查询、旅游产品/景点门票/酒店等的预定等方面。具体而言，基于LBS，有旅游需求的用户可以查询旅游目的地所在位置附近的酒店或民宿（见图4-9）、景点、餐馆、特产店等相关信息，使用手机完成预定，并导航到相应的位置进行消费。

4. 广告推送

LBS营销在广告推送方面的应用主要是针对企业而言的。借助LBS，企业可以根据用户的位置信息，向某个既定区域内的用户推送广告，如向门店附近的用户推送营销信息，包括新品信息、打折信息、优惠券等（见图4-10）。用户凭借收到的优惠券可到门店享受相关优惠或线上购买、线下送货到家的服务。又如，某商旅类App希望在广东宣传打车业务，借助LBS，向到达深圳、广州等城市机场的用户推送消息："一张3折接机券已放入您的账户，豪华、商务、经济，多种车型任性选"。

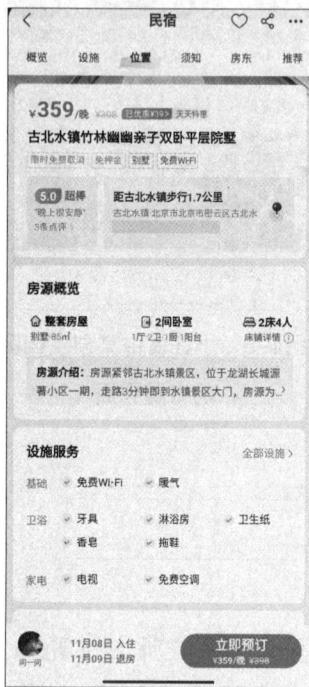

图4-9　查看附近的民宿

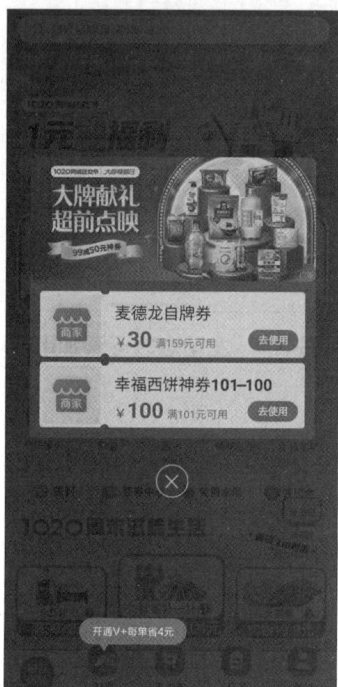

图4-10　推送优惠券

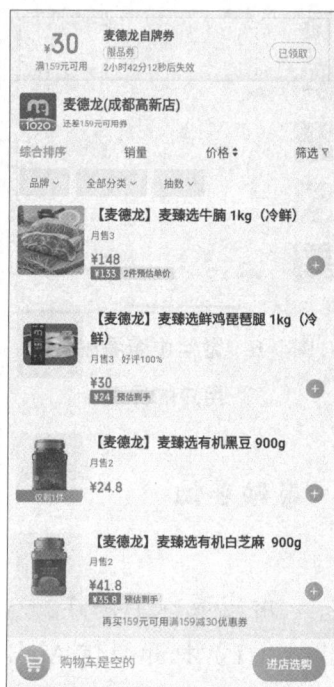

活动3　LBS营销的方法

小艾的朋友最近开了一家烧烤店，但没有什么生意，小艾向李经理请教该怎么办。李经理说像餐饮店这样的生活服务商家非常适合开展LBS营销。LBS营销的主要思路是通过LBS技术连接线上与线下的营销渠道，通过在营销平台中开展营销活动、发布营销信息，吸引用户进行消费。具体可以按照以下步骤进行LBS营销。

1. 入驻平台

LBS营销平台主要是O2O平台，美团、大众点评、口碑等O2O平台的流量都很大，入驻这些平台可以获得一定的曝光机会，为线下门店引流。要入驻这些平台，商家需要提交申请。以口碑为例，进入口碑官方网站后，单击"我是商家"栏中的 登录 按钮，登录后在打开的页面中单击 立即开店 按钮，如图4-11所示。在打开的"创建门店"页面中输入门店的名称、地址、经营品类、电话、照片等，如图4-12所示，然后上传营业执照等资料并提交开店申请，平台审核通过后即可成功入驻。

图4-11 单击"立即开店"按钮

图4-12 创建门店

经验之谈

填写地址时需保证地址详细、准确无歧义、符合平台规定，必要时可以备注"路线指引"或"标志建筑"，如"出地铁F口后往北走100米""麦当劳斜对面"等，以便用户能顺利找到门店。

2. 开展营销活动

入驻平台后，商家需要开展营销活动来吸引用户。这类活动包括促销活动和打卡活动等。

（1）促销活动。商家可以在O2O平台上开展促销活动，常见的形式包括发放优惠券、上架代金券（如45元购买50元代金券，见图4-13）、制定优惠套餐（见图4-14）等，通过实际的利益刺激用户产生购买欲。

（2）打卡活动。商家可以号召到店内消费的用户参与打卡，即在大众点评、微信、微博、小红书等平台上主动分享对门店的评价，并添加门店的位置信息，如图4-15所示，完成后用户可以获得优惠券等奖励。其他用户在平台上看到相关评价后，如果感兴趣就会根据门店位置前往消费。

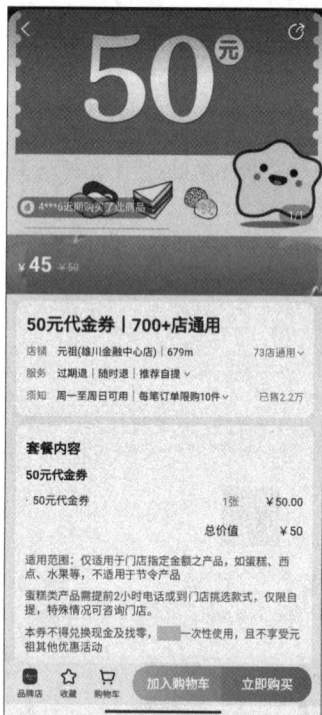

图4-13　代金券　　　　图4-14　优惠套餐　　　　图4-15　用户分享对门店的评价

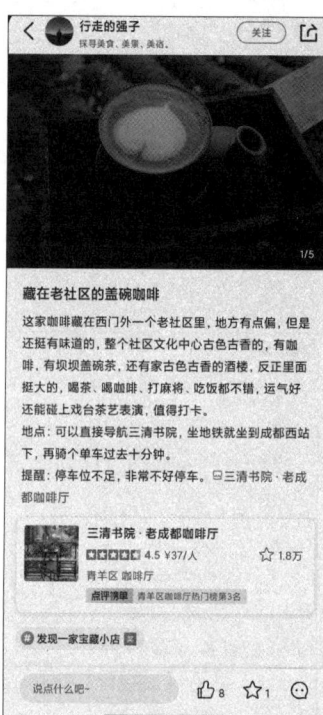

3. 发布优质内容

除了开展营销活动，商家还可以发布门店相关信息（如氛围、环境，见图4-16）、促销信息、产品或服务介绍（如菜品介绍）等内容，让附近的用户看到并被内容吸引而到店消费。大众点评、美团等O2O平台为商家提供了发布内容的功能。以大众点评为例，商家发布的内容不仅会出现在门店界面的"商家新鲜事"栏（见图4-17），还可能会出现在平台的"附近""推荐"等界面。

4. 维护用户评价

评价是用户做出进店消费决策的参考依据之一，LBS营销中，用户评价非常重要。商家可以针对好评给予积极的回复；针对负面评价则做出解释，全面呈现事情真相，对确实言之有据的负面评价要以诚恳的态度表示歉意，并承诺改进，争取变负面为正面，赢得其他用户的好感，如图4-18所示。

图4-16　呈现门店环境　　　图4-17　商家新鲜事　　　图4-18　回应负面评价

任务二　小程序营销

任务描述

小艾和李经理结束出差后回到公司。一天，小艾想喝奶茶，就找李经理帮忙点外卖。李经理疑惑地问："你以前不都是自己点外卖吗？"小艾说因为手机内存不足，把美团App卸载了。李经理告诉小艾，在美团外卖微信小程序上就可以点外卖，而且很多奶茶店开发了自己的小程序，在上面开展各种优惠活动，如给新用户发放各种优惠券，这可以称作小程序营销。

任务实施

👤 活动1　小程序营销的优势

李经理接着对小艾说，小程序不是一个单独的应用，它内嵌在微信中，不需要下载安装就能使用。现在小程序的功能越来越完善，很多人都习惯使用小程序，很多商家也通过打造自己的小程序来进行营销。对于广大商家而言，使用小程序营销的优势主要体现在以下4个方面。

1. 积累用户

在电商普及的当下，许多商家会在传统电商平台中开店，方便用户购买自己的产品。然而在这种情况下，用户并没有成为商家的"专属用户"，他们下一次可能会转而购买平台上其他商家的产品。而随着电商平台竞争日益激烈，各个商家为了获取优质用户所付出的成本也越来越高。

小程序的出现则改善了这样的状况，以奶茶连锁品牌丸摩堂为例，除了借助美团、饿了么等外卖平台获取线上流量外，丸摩堂还开发了自己的小程序（见图4-19），并通过在线下门店宣传小程序等方式吸引用户使用。用户使用丸摩堂小程序后，如果体验较好，就会加深对该品牌的印象。后续丸摩堂还通过持续发放优惠券（见图4-20）来留住用户，使用户继续通过小程序下单。这样，商家就在一定程度上实现了与用户的直接连接，部分摆脱了外卖平台的限制，积累起了专属于自己的用户。

图4-19　丸摩堂小程序

图4-20　优惠券

2. 入口多样

用户可以通过多个入口进入小程序。以最常见的微信小程序来说，其线上入口就包括下拉微信主界面后出现的"最近"界面（见图4-21）、"发现"界面中的"小程序"选项、微信好友/群分享（见图4-22）、公众号推文植入、搜一搜、附近的小程序（见图4-23）、所关联公众号的菜单等，线下入口则有二维码扫描等。多样的入口不仅为用户进入小程序提供了便利，而且有助于商家将微信中巨大的流量导入小程序，实现高效率引流。

图4-21　"最近"界面　　　图4-22　微信群分享　　　图4-23　附近的小程序

3. 开发容易

小程序运行环境独立，并且可以跨安卓和iOS系统使用，开发难度相对较小（微信还对其提供了开发支持），即便市场反响不好，后续改良起来也较容易。这显然降低了企业的开发成本，也给了企业更多的试错机会。

4. 功能全面

虽然小程序定位于轻应用（无须下载，即搜即用的App），但很多小程序已经具备了App的基本功能。以美团外卖微信小程序（见图4-24）为例，其界面与美团外卖App（见图4-25）非常接近，而且具备基本的搜索、点餐、评价等功能。

此外，小程序自身拥有强大的营销功能（营销活动形式包括拼团、发放优惠券、会员优惠等），而且支持推送营销信息。图4-26所示为朴朴微信小程序通过推送服务通知的方式来提醒用户使用优惠券。同时，微信、支付宝等小程序依托平台具备全面的应用生态，用户使用小程序就能完成从选购到支付的整个交易过程，不需要再跳转到其他App或网页，购物体验良好。

图4-24　美团外卖微信小程序

图4-25　美团外卖App

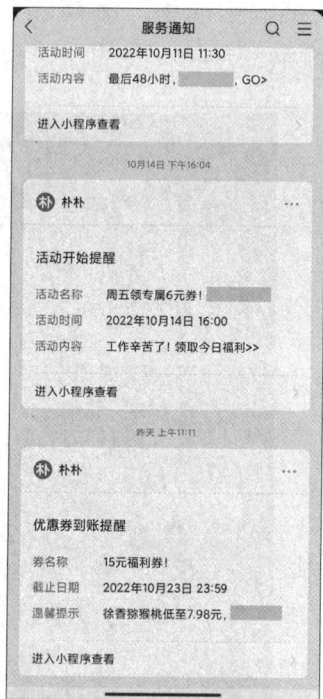

图4-26　朴朴微信小程序
推送服务通知

🎁 动手做

体验微信小程序

请完成以下操作。

（1）打开微信App，点击底部的"发现"按钮，在打开的"发现"界面中点击"小程序"选项，在打开的界面中点击"附近的小程序"选项，查看附近的小程序，选择一个感兴趣的小程序进入，查看其界面和功能，点击右上角的 •• 按钮，在打开的面板中点击"添加到我的小程序"按钮。

（2）下拉微信主界面，在打开的界面中点击搜索框，输入"美团外卖"并搜索，进入美团外卖小程序。浏览附近的外卖餐厅，尝试下单并支付。

活动2 小程序营销的策略

为了加深小艾对小程序营销的理解，李经理向她介绍了小程序营销的两大关键环节，即引流和留存。通俗地讲，引流就是将陌生用户引进来，而留存则是让引进来的用户留下来。只有两个环节都做好，小程序才能拥有一定数量的活跃用户，为商家创造效益。

1. 引流策略

小程序开通后，刚开始流量一般较为缺乏，商家首先需要运用各种引流策略尽可能多地为小程序引流。

（1）微信公众号引流。微信公众号平台提供了自定义菜单功能，当用户选择相应的菜单命令时，即可跳转到相应界面，因此商家可以设置某一菜单命令为跳转到公众号关联的小程序，为小程序引流，如用户通过图4-27所示的"商城首页"菜单命令即可跳转到购物小程序。此外，微信公众号能够发布推文，推文中可以植入小程序卡片，对小程序进行曝光，如图4-28所示，用户点击卡片即可进入小程序，从而将公众号的流量导入小程序。

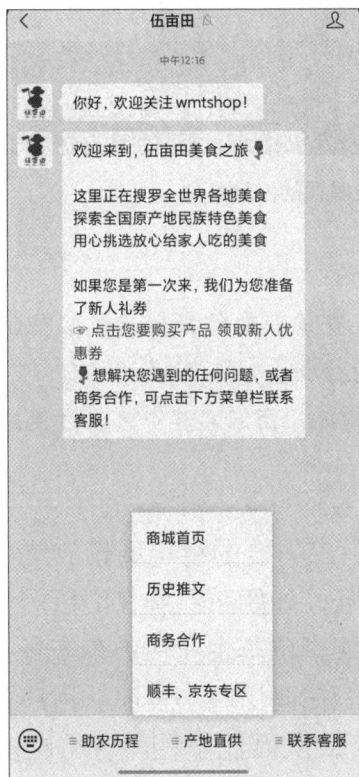

图4-27　自定义菜单　　　　图4-28　推文中植入小程序卡片

经验之谈

商家在公众号推文中植入小程序卡片时，可以首先通过图文内容引起用户对相关产品或服务的兴趣，再借助小程序卡片引导用户直接跳转至小程序了解或购买。

（2）开通"附近的小程序"功能引流。用户可以查看自己附近的小程序，小程序离得越近排序越靠前。商家可以在微信公众平台后台中为小程序添加地点，从而开通"附近的小程序"功能，利用此入口为小程序引流。

（3）优化关键词引流。很多用户习惯于通过在微信中搜索关键词来找到自己想要的小程序。小程序搜索排名与小程序的关键词直接相关，因此商家可以优化关键词来提升其搜索排名，进而吸引更多流量。优化小程序关键词的注意事项如图4-29所示。

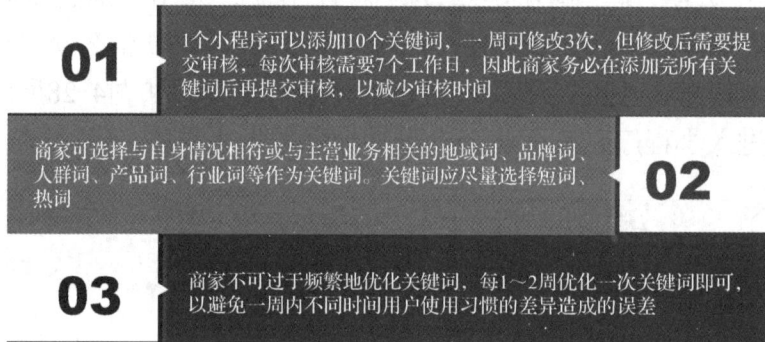

01 1个小程序可以添加10个关键词，一周可修改3次，但修改后需要提交审核，每次审核需要7个工作日，因此商家务必在添加完所有关键词后再提交审核，以减少审核时间

商家可选择与自身情况相符或与主营业务相关的地域词、品牌词、人群词、产品词、行业词等作为关键词。关键词应尽量选择短词、热词 **02**

03 商家不可过于频繁地优化关键词，每1～2周优化一次关键词即可，以避免一周内不同时间用户使用习惯的差异造成的误差

图4-29　优化小程序关键词的注意事项

经验之谈

关键词热度可通过小程序"微信指数"查询。微信指数是微信整合微信上的搜索和浏览行为数据，基于对海量云数据的分析，从而形成的当日、7日内、30日内以及90日内的关键词的动态指数变化情况，商家在其中可以方便地看到某个词语在一段时间内的热度趋势。

（4）线下二维码引流。商家可以在用户需要的特定场景放置小程序二维码，使用户即扫即用，快速获得想要的服务，如奶茶品牌在门店展示二维码让用户通过小程序快速点单（见图4-30），共享单车企业在单车车身上放置二维码让用户扫码解锁单车等，都能引导消费者扫码访问小程序。用户多次使用这类小程序后，自然会对其形成深刻的印象，从而让小程序获得更多流量。此外，商家还可以举办线下活动来推广自己的小程序，如在人流量比较多的地方派发印有小程序二维码的传单，或举办线下沙龙活动，聚集与小程序应用领域相关的用户（如在读书会上推广二手书买卖小程序），然后在现场展示小程序二维码。

图4-30 展示二维码

（5）用户分享引流。小程序支持分享功能，尤其是微信小程序，在微信这样的社交环境中，用户间的分享是必不可少的引流方式。借助用户的自发分享，商家可实现一传十、十传百的传播效果，实现高效引流。商家可以通过分享送福利的方式来鼓励用户分享小程序，如开展低价拼团（见图4-31）、分享送礼品（见图4-32）、邀请好友注册拿红包（见图4-33）等活动。

图4-31 低价拼团

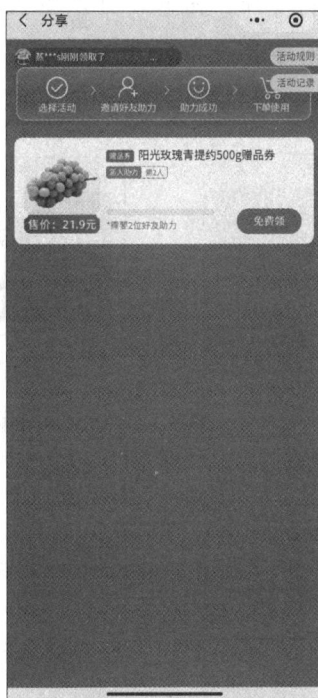

图4-32 分享送礼品

图4-33 邀请好友注册拿红包

2. 留存策略

小程序的特点是即用即走，因此要想让用户持续使用小程序，商家需要使用一定的留存策略。

（1）发放福利。发放福利是留住用户的一种非常直接有效的方式。商家可以定期针对新用户、有价值的沉睡用户（即有一段时间未使用小程序的老用户）发放一定金额的优惠券，刺激其使用小程序。

（2）搭建会员体系。要想长期留住用户，搭建会员体系是非常必要的。所谓搭建会员体系，是指对小程序积累的用户进行分等级的精细化运营，通过设置会员的门槛与权益，将小程序的用户群体划分为忠实用户、普通用户、新用户等，分别对其设置运营策略，进而增强用户黏性以及提高用户对小程序的忠实度。例如，星巴克小程序的会员就分为银星级、玉星级、金星级，每一星级的用户享受不同的权益，如玉星级用户可享受3张饮品券（见图4-34），金星级用户除饮品券外还拥有积分兑换权益。用户在该品牌小程序消费即可获得积分，积分积累到一定程度即可升级。用户为了升级享受更多权益，会增加使用小程序的次数，进而成为忠实用户。

> **📎 经验之谈**
>
> 除积分升级形式的会员制度外，商家还可以推出付费会员制度。用户支付一定的会费就可以在一定期限内享受一系列专属的权益，如优惠券或折扣价等，如图4-35所示，这样相当于在一定的期限内绑定了用户，促使用户持续使用小程序。

图4-34　星巴克玉星级权益　　图4-35　付费享受权益

任务三 App营销

任务描述

一天，小艾与同事聊天提到了App。小艾说："以前的娱乐就是看电视，现在就丰富了，可以在App上刷短视频、看直播、看小说。"李经理笑着回应："所以现在很多商家从电视转战到App，在App上营销了！要不今天我就给你讲讲App营销吧"。

任务实施

👤 活动1 App营销的特点

小艾感叹，几乎每个人的智能手机上都有十几个甚至几十个App，很多人已经离不开App了，衣、食、住、行、教育、娱乐都需要通过App来实现。李经理说，正是因为这样，App营销才会应运而生，其发展势头正盛。

> 💡 **知识窗**
>
> App原是指某种技术、系统或者产品的应用，现在多指安装在智能手机上的应用。App营销是商家通过智能手机、平板电脑等移动终端上安装的App开展营销。

💡 **知识窗**

App营销的核心是手机用户，商家以App为载体，实现推广品牌、挖掘新用户、开展营销的目标，是目前流行的移动营销方式。总的来说，App营销具有以下特点。

（1）流量丰富。App的种类十分丰富，涉及购物、社交、拍照、学习、游戏、教育等不同领域（见图4-36），能够为商家带来各种不同类型的网络用户和大量的平台流量。有效挖掘这些流量和用户，可以为商家带来更多的忠实用户，实现品牌传播。

（2）信息展示全面。App中展示的信息非常全面，包含文字、图片、视频（见图4-37）及直播等呈现形式，用户可以全方位地感受产品，从而快速、全面地了解产品或商家信息，打消对产品的顾虑。

（3）个性化。商家要想取得好的营销效果，一定要针对不同用户的不同特点实行个性化的营销信息推送，而这必须以了解用户为基础。在App中，商家可以让用户自己设定感兴趣的领域（见图4-38），也可以对用户在App中的活动（如浏览、搜索、收藏等）进行统计分析，以了解用户的喜好和基本情况，从而有针对性地推送营销信息，如旅游服务商家通过大数据分析出用户对海南旅行感兴趣，就可以在App中向其推送海南旅游产品的广告。

（4）良好的用户体验。在用户体验方面，App 的设计注重手机用户的视觉习惯，界面简洁清晰，功能的开发都是为了展示核心的功能和特点。同时，除了可以满足各种生活娱乐需求外，App还支持用户通过评论、分享等行为进行互动，以提升用户的使用体验。

（5）精准度高。用户一般根据自己的需求搜索并下载App，这意味着，App的用户很可能就是该领域商家的目标用户，如有声小说App的用户很可能就是有声小说制作公司的目标用户，从这个角度来说，App营销的精准度很高。

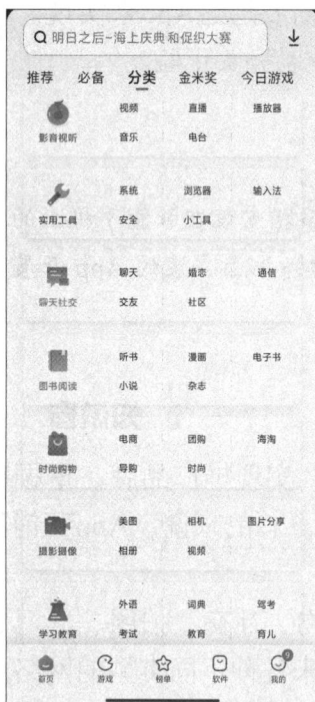

图4-36　App分类　　　　图4-37　视频呈现　　　　图4-38　选择感兴趣的领域

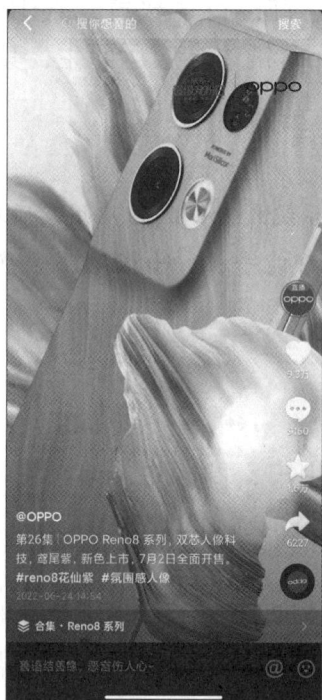

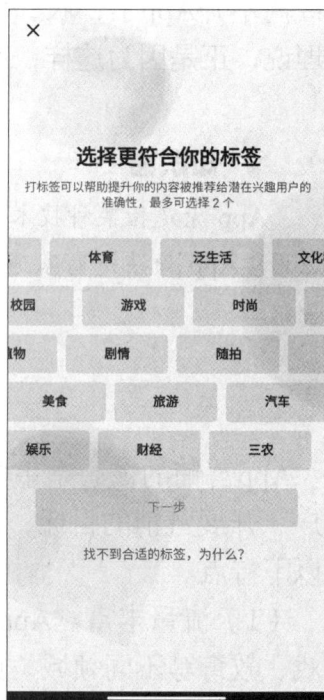

👤 活动2　App营销的类型

小艾重新下载并打开美团App时看到一个快餐品牌的广告，于是拿给李经理看。李经理说这种在App上投放广告的行为属于App营销。小艾疑惑地问：

"那小米公司自己开发小米商城App来销售产品算不算App营销呢？"李经理说："当然算，虽然目前App营销的模式多种多样，且还在继续发展中，但大体上还是可以将App营销分为商家利用自有App营销和商家借助他人App营销。"

1. 商家利用自有App营销

商家利用自有App营销一般有两种模式，一种是网站移植模式，另一种是用户参与模式。

（1）网站移植模式。网站移植模式是指商家将传统互联网平台内容植入手机App，方便用户随时随地浏览信息、接受服务以及下单购买产品等。这些App多为电商购物类App（如淘宝App、京东App），以及社交类App（如豆瓣App、微博App）。商家主要通过这类App来为用户提供产品或服务，这样一方面可以带来效益，另一方面可以提高与用户的接触频率，提升用户的忠诚度。

（2）用户参与模式。用户参与模式要求App具备两个条件：一是与商家品牌深度结合，趣味性强；二是实用性强，能吸引用户长期使用。这样App可以让用户在获得有趣体验的同时，了解品牌的信息，对商家和产品产生好感。例如，文化品牌单向空间开发了一款日历工具类App单向历，用户可以每天使用该App翻日历，每一页日历上都会推荐一句作家、思想家、音乐人等所说的"金句"，

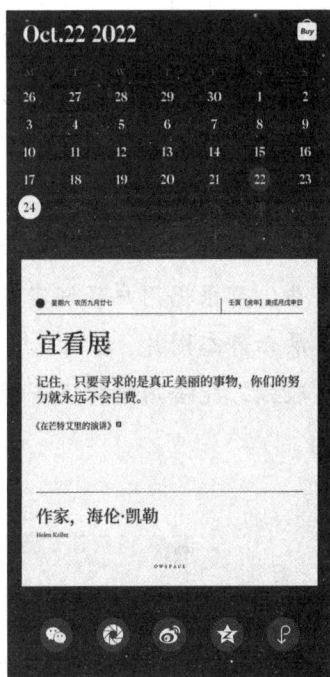

图4-39 单向历

如图4-39所示，用户看到自己欣赏的"金句"后，可以将其快速分享到微信、微博等平台，这无疑能扩大App的影响力，同时用户还可以直接点击右上角的 Buy 按钮购买纸质版单向历，从而促进纸质版单向历的销售。而且使用这款App，用户可以感受到浓厚的文化气息，在无形中增加对单向空间这一品牌的好感。

> **知识窗**
>
> 用户参与模式是指将营销目标和用户需求结合，开发出具有创意的 App，吸引用户主动使用 App 参与活动来达到营销目的。

知识窗

2. 商家借助他人App营销

开发和推广App都需要一定的成本，很多商家没有自己的App，于是选择借助他人App来进行营销。这种情况可以分为两种模式，即广告营销模式和内容营销模式。

（1）广告营销模式。广告营销模式是大部分App中常见的营销模式。商家可以在他人App中投放广告，广告形式主要有信息流广告（见图4-40）和开屏广告（见图4-41），用户点击广告，就会跳转至指定界面并看到具体的广告内容。这种模式的操作十分简单、适用范围很广，对营销信息的展示非常直观，商家只要将广告投放到与自己定位相匹配的热门App上就能达到良好的效果。

> **知识窗**
>
> 信息流广告是穿插于用户的好友动态或者资讯媒体和视听媒体内容流中的广告，可根据用户喜好实现精准投放，用户体验较好。开屏广告是在 App 启动页上展示静态图片、动图或者视频样式的广告，展示时长一般为 5～15 秒，视觉冲击力较强，能给用户留下深刻印象。

知识窗

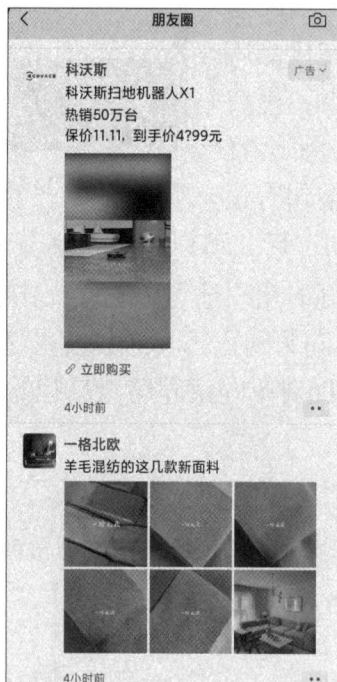

图4-40　信息流广告

图4-41　开屏广告

（2）内容营销模式。内容营销模式是指商家在他人App中通过优质内容吸引用户，让用户在浏览内容的过程中自然地接收营销信息，从而达到营销目的。商家进行内容营销时，需要先进行市场调查，分析市场数据并对目标用户进行准确定位，了解目标用户的喜好和需求后，确定内容主题、营销平台等。例如，花卉商家选择在生活气息浓厚的小红书App上介绍实用的养花知识，以吸引对养花感兴趣的用户，然后自然地向其推荐合适的产品，如图4-42所示。

图4-42　内容营销

🎁**动手做**

探索微博App广告

请完成以下操作。

（1）打开微博 App，找出其中的开屏广告和信息流广告（左上角带有"广告"字样）。

（2）进入微博广告首页，点击"超级粉丝通"对应的 了解更多>> 按钮，在打开的界面中了解微博 App 广告的样式及其可达到的营销目的。

👤**活动3　开展App推广**

小艾看到李经理的手机中有很多陌生的App，就问李经理是从哪里知道这些App的。李经理说，有些是在安卓应用商店中看到的，有些是在App线下推广活动中注意到的，这些其实都是App推广的结果。商家开发App后要将其推向市场，吸引用户的注意与下载，就需要开展App推广。App推广的方式主要有以下几种。

1. 资源互推

商家可以找到与自己App规模相当、用户定位相似的App及其背后商家，以应用内互推、交换广告位和用户资源等方式合作。其中常见且比较简单的一种方式就是应用内互推。应用内互推是合作伙伴之间互相利用对方的App访问资源（如流量），互相推广，以实现双方App用户的增加。其具体方法如下：在对方App中添加自己App的广告（对方进行同样的操作），用户点击广告即可进入下载界面；在对方的App中宣传自己的App，为自己的App引流，并提升用户对自己App的信任度。

2. 手机厂商预装

有实力的商家可以直接和手机厂商（如华为、OPPO、魅族等）合作，在手机出厂前将App直接预装到手机里，这样购买了手机的用户就直接成为该App的用户。当然这种推广需要支付一定的费用。

3. 应用商店推广

当前，各大应用商店是用户下载App的主要渠道，商家在应用商店推广App时应该尽量在主要的应用商店中都上架App（在某应用商店首发的时期除外）。应用商店分为iOS和安卓两大阵营，iOS只有唯一一个官方App下载渠道——App Store，而安卓应用商店可以分为手机厂商应用商店和第三方应用市场两类，各类中的代表如图4-43所示。

手机厂商应用商店◉

华为、小米、OPPO、魅族等手机厂商都有自家的应用商店

◉**第三方应用市场**

如应用宝、豌豆荚、安智、百度手机助手、360手机助手等

图4-43　手机厂商应用商店和第三方应用市场

在应用商店上架仅仅只是App推广的开始，由于应用商店中的App数量众多，新App要想从中脱颖而出，需要在应用商店中占据醒目的位置，为此商家可以采取以下方法。

（1）争取进入推荐栏目。当前很多应用商店会专门推出应用推荐栏目，向用户推荐高质量App。例如，小米应用商店的"金米奖"，如图4-44所示，获得金米奖的App可以获得首页轮播、单独分类界面等展示位，还能获得"金米奖"的标志（象征着小米应用商店官方对App品质的认证），从而赢得更多用户的关注和信任。要想进入推荐栏目，除了App应具有较高的品质和一定的创意外，商家还可以积极地向应用商店自荐，向应用商店的审核者展示App的优势。

（2）申请首发。App首发是指App新品或最新版本在一段时间内仅在首发应用商店出现，其他应用商店不提供下载。首发应用商店会给首发App免费的展位，在一定程度上增加App的曝光机会，如图4-45所示。目前很多应用商店免费支持首发申请，如应用宝、小米应用商店、360手机助手等。

（3）付费推广。当前应用商店都支持付费推广，商家可以通过付费获取优质广告位（会标明"广告"等字样），包括首页等界面中的醒目展示位，以及搜索结果中靠前的位置（见图4-46）。

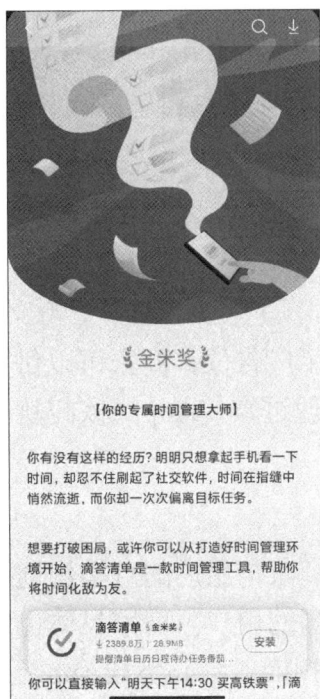

图4-44　金米奖

图4-45　首发推荐

图4-46　广告位

📖 **经验之谈**

　　此外，App 在应用商店中的排名也对 App 的曝光量、下载量有很大影响。具体来说，App 的名称、描述、关键词，以及 App 界面预览、下载量、用户评价等都会影响排名。其中，描述是对 App 的简洁介绍，一般控制在 300 ～ 500 个字符，不仅要便于理解和阅读，并且要让用户知道 App 的基本功能及优势，如图 4-47 所示。而 App 界面预览可以展示 App 的功能和界面，精心设计的预览界面能够体现出 App 的操作体验，如图 4-48 所示，这对用户是否选择下载 App 会产生不可忽视的影响。

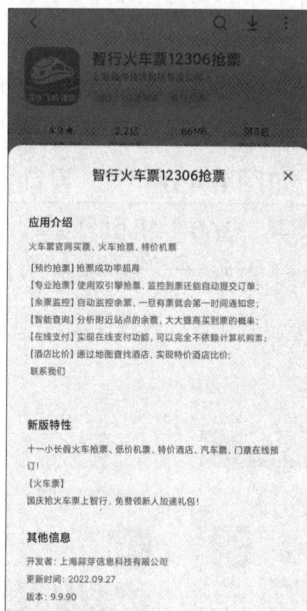

图4-47　App的描述　　　　　图4-48　界面预览

4. 广告投放推广

　　除了应用商店外，当前很多网站、平台也都提供了广告位，商家可以付费获取广告位，在广告位中展示App，如图4-49所示，通过宣传App的核心功能或能带给用户的好处，吸引用户下载。

5. 线下活动推广

　　线下活动推广是一种常用的推广手段，能够实现商家与用户的直接沟通，在一定程度上消除潜在用户的顾虑，获取质量相对较高的用户。商家具体可以通过摆摊、发传单、上门推销等方式吸引、引导用户扫描二维码下载App，如图4-50所示，推广时可以搭配赠送小礼品、优惠券等吸引用户。

图4-49 在广告位中展示App

图4-50 线下活动推广App

6. 新媒体推广

当前新媒体平台很多，商家可以根据自身实际情况选择合适的新媒体平台进行推广，主要形式是通过在内容中植入App广告。例如，小红书App官方账号在知乎上回答露营相关问题，在回答中体现了小红书App的受欢迎程度及其在传递年轻人独特生活方式方面的优势，如图4-51所示，以增加用户对小红书App的好感；又如夸克App官方账号在微博中借助开学季热点吸引用户关注，然后转而介绍App的各种实用功能，如图4-52所示。

图4-51 小红书App官方账号在知乎参与问答

图4-52 夸克App官方账号在微博借助热点进行宣传

素养小课堂

部分商家为了提升 App 的影响力，会通过刷量的方式来快速提升 App 的下载量，如通过安装虚拟机，用自动化脚本冒充真实用户，甚至未经许可在用户手机中安装 App 等，这些都属于作弊行为。App 推广应该采用正规的方式，不能侵犯用户权益，也不能破坏市场竞争的秩序。

活动4 策划App营销活动

小艾兴冲冲地告诉李经理："今天某App开展新用户买二赠一的活动，买东西很实惠。"李经理说，这很正常，商家花大力气推广App，但用户下载后可能只是看看而并不消费，因此很多App为了吸引用户消费还会开展营销活动。

1. 常见的App营销活动

开展营销活动是很多App挽留用户，提升用户活跃度的重要手段。营销活动的形式多样，主要是通过给予用户实际的利益来吸引用户，常见的营销活动有以下几种。

（1）基于应用场景的有礼活动。用户下载App后有一个操作的过程，包括打开、注册、下单、推荐给好友等，这个过程中用户很容易流失。为了降低该过程的流失率，很多App会开展基于应用场景的有礼活动，如注册有礼、邀请有礼、下单有礼等，如表4-1所示。

表4-1 基于应用场景的有礼活动

活动类别	作用	常见奖品类型	具体案例
注册有礼	提高用户注册率	优惠券、现金红包、专属折扣	朴朴App新注册用户可获得优惠券和优惠购买权益（见图4-53）
邀请有礼	引导老用户拉新用户，促进用户数增长	积分、话费、流量、优惠券、红包、会员权益	云闪付App用户邀请好友首次绑卡可获得红包（见图4-54）
下单有礼	促进产品销售	优惠券或抽奖机会	拼多多App用户下单抽免单机会（见图4-55）

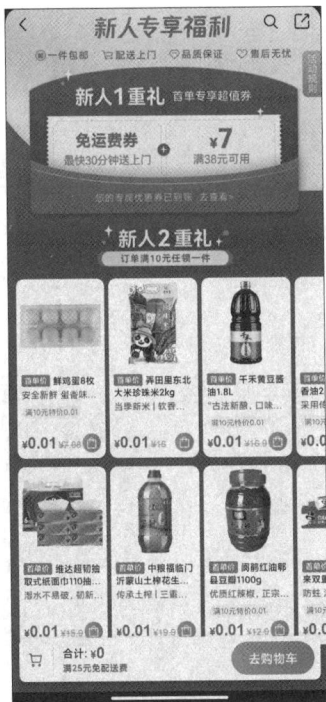

图4-53 注册有礼

图4-54 邀请有礼

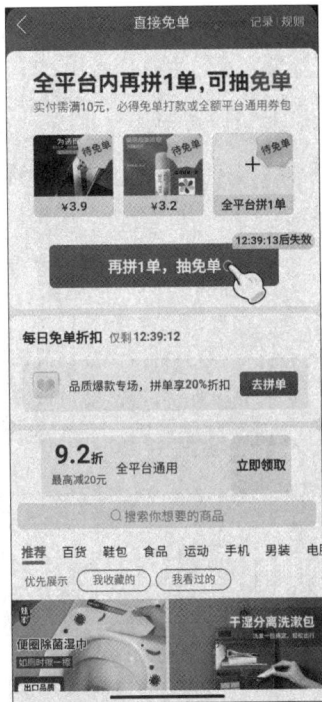

图4-55 下单有礼

（2）答题有奖活动。答题有奖是一种参与性较强的活动，用户参与答题，取得一定的成绩即可获得奖励，适合文化类、教育类、学习类App。此类活动能够促使用户调动自己的知识储备去答题，答题正确能收获较强的成就感，因此此类活动具有一定的精神激励作用，使用户觉得App有趣、好玩，进而多次使用。例如，微信读书App就长期开展答题有奖活动，包括答题通关和答题PK两种形式，如图4-56所示。答题通关要求用户连续答对一定数量的题目，用户成功后会获得一天的体验卡（可阅读部分付费书籍），失败则可以通过购买书币、看广告、邀请朋友等方式重新获得答题机会（此设计有助于增加App的收益与活跃用户数），如图4-57所示。答题PK由用户邀请朋友或由系统匹配PK对手，采用抢答形式，谁先答对谁的分数更高，增加了答题的刺激性，PK胜出者可以获得积分，如图4-58所示。

✏️ 素养小课堂

答题有奖活动的题目可以涉及很多方面，包括传统文化、自然科学、历史地理等。策划答题有奖活动的相关人员要扩大自己的知识面，丰富自身的文化内涵，争取设计出有价值的题目，向用户传递知识的力量，引导用户追求知识、提升自我。

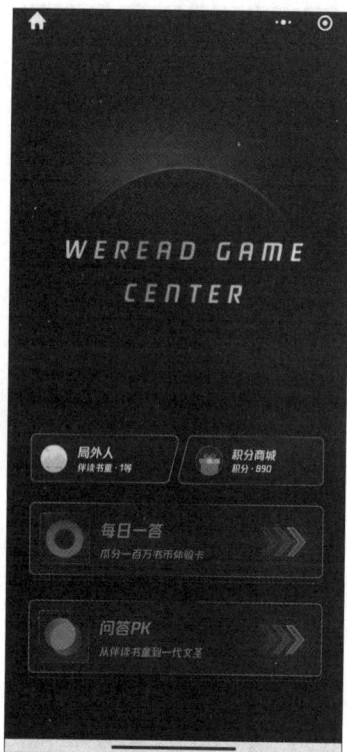

图4-56　答题有奖活动　　　图4-57　重新获得答题机会　　　图4-58　答题PK

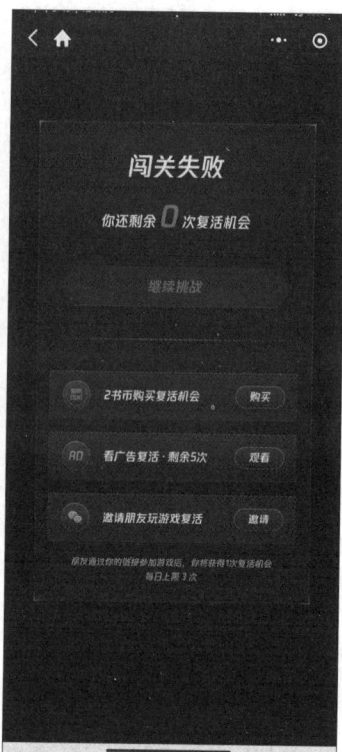

（3）做任务有奖活动。此类活动也是App中较常见的，任务通常会细分为一系列小任务，如完善个人资料、完成实名认证、学习平台规则、绑定账号等，每完成一个小任务即可获得积分或优惠券等，以促使用户完成必要的操作、熟悉App、养成使用习惯，最终增强用户的黏性。例如，百度知道App的任务分为新手任务（见图4-59）、日常任务（见图4-60）和成就任务（回答累计获得10次采纳、累计被赞10次等），其中新手任务旨在引导用户初步使用App的各项基本功能，日常任务旨在引导用户养成使用App的习惯，成就任务旨在培养忠实、活跃的高质量用户。用户完成任务后可以获得财富值（类似于积分，可用于在App中兑换产品等）。

（4）签到活动。签到活动对于增强App用户黏性有非常大的作用。签到活动的规则通常分为连续签到和累计签到。连续签到通常有一定周期，如连续签到7天可获得一定奖品，如图4-61所示；累计签到一般会要求在固定的时间范围内达成相应数量，如一周内累计签到5次就可以获得奖品。

图4-59 新手任务

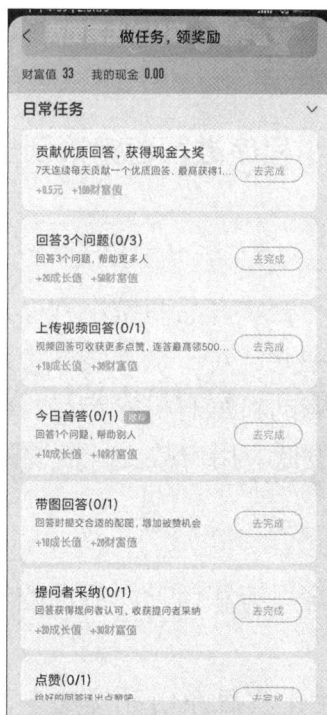

图4-60 日常任务

图4-61 连续签到

2. App营销活动策划要点

App营销活动需要投入一定的成本，因此商家有必要进行精心策划，否则可能会得不偿失。具体而言，策划App营销活动时需要注意图4-62所示的要点。

明确活动核心目的

商家在策划App营销活动时，要明确活动核心目的，如增加新用户数量或App下载量等，围绕核心目的策划活动

降低活动参与门槛

商家在策划App营销活动时，要尽可能地吸引目标用户的关注和参与，因此，营销活动的参与门槛和要求要低，以方便用户参与

形成明确视觉导向

在策划App营销活动时，商家要把活动入口放在醒目的位置，给用户明确的视觉引导，简洁明了地引导用户参与活动

营造活动氛围

在策划App营销活动时，商家可以在活动中植入与活动相关的动画或音乐，使活动的呈现更加生动直观，营造良好的活动氛围

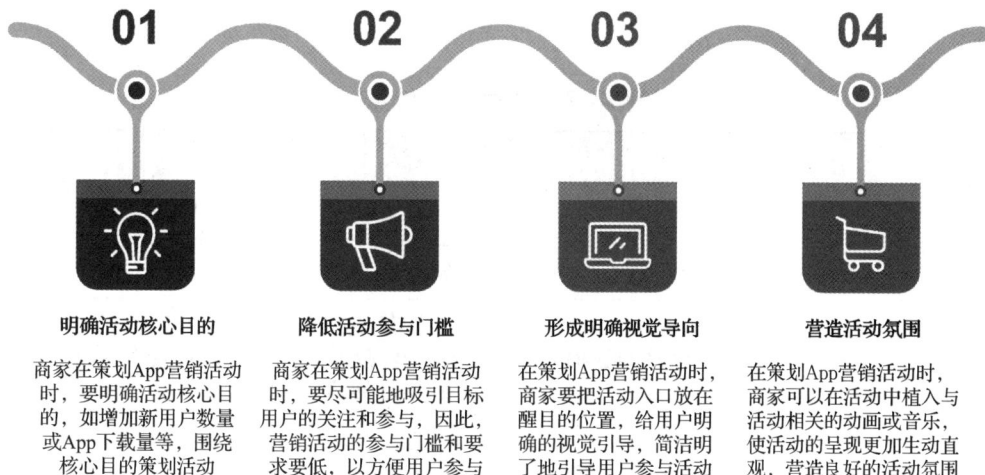

图4-62 策划App营销活动的要点

同步实训

实训一　为农产品商城小程序进行营销策划

实训描述

本次实训要求同学们为一款农产品商城小程序进行营销策划。该小程序由一家农产品电商企业开发，主要针对一、二线城市追求较高生活品质的年轻消费群体，出售从基地农场采购的新鲜有机农产品，带动当地农户致富。目前小程序已经开发完毕，但知名度低、用户数少，需要开展营销吸引并留住用户。

操作指南

小程序营销策划需要确定引流和留存两方面的策略，可以参考以下步骤进行操作。

步骤 01　确定用户福利。由于小程序刚开发完毕，为了吸引更多用户，可以为新注册用户发放一张有效期为7天的10元无门槛优惠券，以刺激用户在小程序消费；为第一次下单的用户赠送一张有效期为14天的满60元减10元优惠券，以促使用户持续使用小程序；为最后一次下单在60天前的用户赠送一张有效期为14天的满79元减15元的优惠券，并通过服务通知向用户推送优惠券发放信息，以唤醒休眠的用户。

步骤 02　搭建会员体系。小程序的会员体系采用积分制，每消费一元积一分，每签到一天可积一分，具体的会员等级信息如表4-2所示。

表4-2　会员等级信息

会员等级	门槛	会员权益
1级	注册即可	一张有效期为7天的10元无门槛优惠券；部分产品享受9折会员价；生日当周购物可享双倍积分
2级	积分达到500分	两张有效期为3个月的5元无门槛优惠券；部分产品享受8.5折会员价；生日当周购物可享双倍积分
3级	积分达到3 000分	两张有效期为3个月的10元无门槛优惠券；部分产品享受8折会员价；生日当周购物可享3倍积分

续表

会员等级	门槛	会员权益
4级	积分达到10 000分	两张有效期为3个月的15元无门槛优惠券；部分产品享受7折会员价；生日当周购物可享3倍积分以及一张7天内有效的满100元减20元优惠券

步骤 03 通过微信公众号引流。在该农产品电商企业运营的微信公众号中设置自定义菜单"进入店铺"，用户点击该菜单选项即可进入小程序。

步骤 04 线下活动推广。在线下生鲜超市门口摆摊，通过海报展示小程序中的特价农产品以及新用户可获得的优惠券，并印上小程序二维码，吸引用户自行扫码使用或前往摊前咨询。此外，还可以在市中心写字楼附近发放传单，传单上印有对小程序的介绍，用户扫描上面的二维码即可进入小程序。

步骤 05 鼓励用户分享引流。可设置用户邀请自己的好友注册并成功下单，那么双方将分别获得一张10元无门槛优惠券的规则。同时，可以选择部分产品作为拼团产品，用户将小程序产品链接分享给好友并拼团成功，可享受拼团优惠价。

💬 实训评价

同学们完成实训操作后，提交策划报告，老师根据报告按表4-3所示内容进行打分。

表4-3 实训评价

序号	评分内容	总分	老师打分	老师点评
1	留存策略是否合理、无漏洞，是否能有效吸引用户持续使用小程序	50		
2	引流策略是否能有效吸引用户关注并进入小程序	50		

得分：_____

👤 实训二　为菜谱App进行营销策划

📋 实训描述

本次实训要求同学们为名为"轻松菜谱"的App进行营销策划。该App刚由一家美食交流网站开发完毕，主打美食交流，用户可以在App中查看菜谱，发布美食笔记，并进行社交，还可以购买食材和厨具。现需要提高该App的知名度并增加其活跃用户数。

✂ 操作指南

为App进行营销策划，可以参考以下步骤进行操作。

步骤01 应用商店推广。将安卓版App上架到小米、华为、OPPO等手机厂商的应用商店中，以及豌豆荚、应用宝等第三方应用市场中，将iOS版App上架到App Store中，尽可能全面覆盖主流的App下载渠道。同时，主动向应用商店自荐，陈述App的优势，争取进入应用商店的推荐栏目。

步骤02 对App在应用商店中的排名进行优化。优化App的名称，名称包括主标题和副标题，主标题已经确定为"轻松菜谱"，副标题可以为"菜谱超全的美食社区"；优化关键词，通过考察竞争对手的关键词，将App的关键词确定为"菜谱""品质生活""美食社区"；优化界面预览，使图片更加精致美观，如图4-63所示；优化描述，确保其简洁明了地表述清楚App的特性与功能，并加入多个关键词，优化后的描述如图4-64所示；优化用户评价，在App中通过弹窗等形式引导用户给出五星好评。

图4-63　App界面预览

应用介绍
菜谱超全的美食社区，传递都市年轻人流行的生活方式。
主要功能
★在线课堂：精选10万道美食菜谱，美食视频在线教学，美食达人在线互动问答，帮您轻松成为"大厨"。
★美食笔记：美食爱好者的交流平台，爱吃的人在这里相聚，共同缔造美好生活。
★品质商城：帮您严选高品质的食材和厨具，助您畅享品质生活。

图4-64 优化后的描述

步骤03 新媒体推广。在微博上发布美食菜谱，并植入对App的介绍，最后号召用户下载App，如图4-65所示。

步骤04 线下活动推广。在超市电梯口广告位张贴宣传海报，吸引用户扫描二维码下载App。

步骤05 广告投放推广。与腾讯广告、微博广告等广告主联络，获取相关广告位报价，选择合适的平台和广告位，付费推广App。

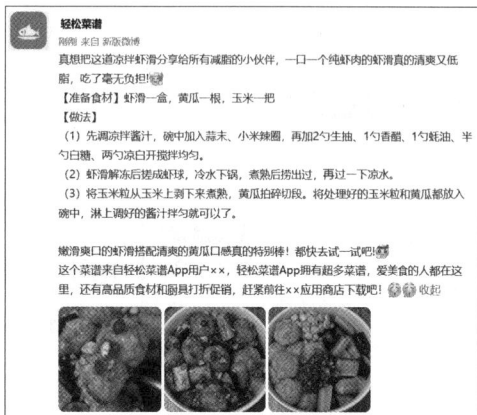

图4-65 微博推广

步骤06 策划营销活动。营销旨在增加App的用户数和增强用户黏性，具体的营销活动种类如表4-4所示。

表4-4 营销活动种类

序号	活动种类	具体规则
1	注册有礼活动	为刚注册的用户发放一张10元无门槛优惠券，优惠券可用于在App的商城中购买产品
2	邀请有礼活动	用户将App分享给好友且好友成功注册，双方即可分别获得一张5元无门槛优惠券
3	签到活动	每个用户每天可签到一次，每月累计签到25次可获得一张满100元减15元的优惠券
4	下单有礼活动	首次在App的商城中下单，可以获得一张满59元减9元的优惠券

💬 **实训评价** ━━━━━━━━━━━━━━━━━━━━

同学们完成实训操作后，提交策划报告，老师根据报告按表4-5所示内容进行打分。

表4-5　实训评价

序号	评分内容	总分	老师打分	老师点评
1	App推广的方式是否正确、有效	40		
2	App营销活动策划思路是否清晰、全面	60		

得分：＿＿＿＿＿＿

项目总结

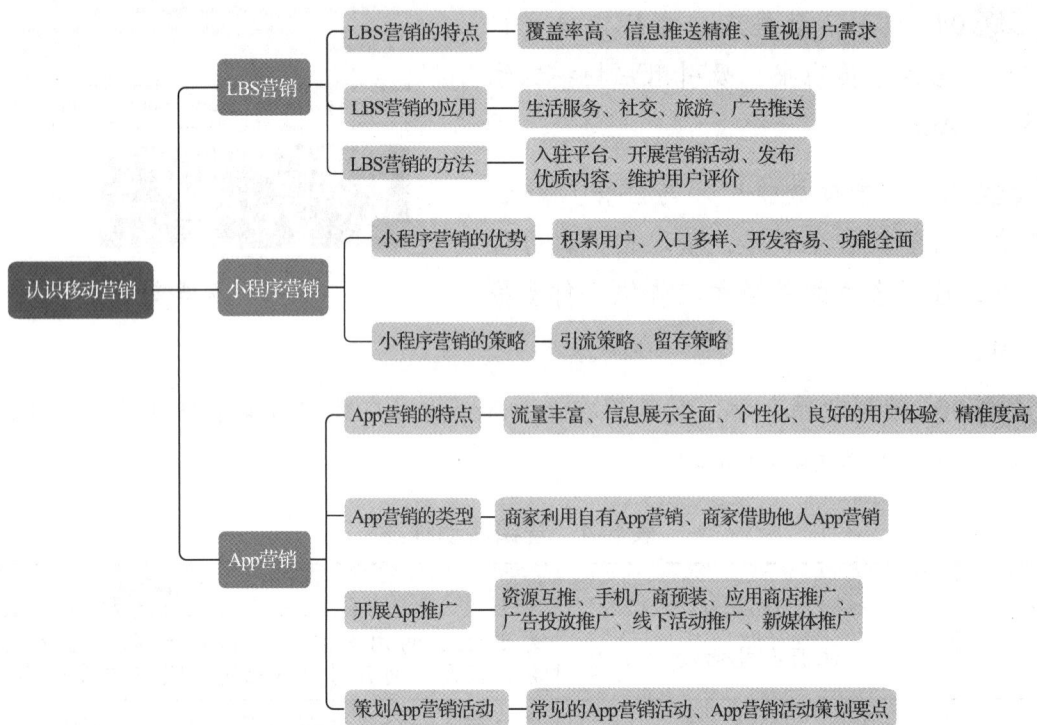

认识移动营销

- LBS营销
  - LBS营销的特点 — 覆盖率高、信息推送精准、重视用户需求
  - LBS营销的应用 — 生活服务、社交、旅游、广告推送
  - LBS营销的方法 — 入驻平台、开展营销活动、发布优质内容、维护用户评价
- 小程序营销
  - 小程序营销的优势 — 积累用户、入口多样、开发容易、功能全面
  - 小程序营销的策略 — 引流策略、留存策略
- App营销
  - App营销的特点 — 流量丰富、信息展示全面、个性化、良好的用户体验、精准度高
  - App营销的类型 — 商家利用自有App营销、商家借助他人App营销
  - 开展App推广 — 资源互推、手机厂商预装、应用商店推广、广告投放推广、线下活动推广、新媒体推广
  - 策划App营销活动 — 常见的App营销活动、App营销活动策划要点

课后习题

一、单选题

1. LBS营销的特点不包括（　　　）。

　A. 覆盖率高　　　　　　　　　　B. 信息推送精准

　C. 重视用户需求　　　　　　　　D. 费用低

2. 下列关于LBS营销方法的说法中，不正确的是（　　）。

　　A. 入驻平台填写地址时需保证地址详细、准确无歧义、符合平台规定

　　B. LBS营销平台主要是美团、大众点评、口碑等O2O平台

　　C. 商家可以号召到店内消费的用户在大众点评等平台上分享对门店的评价，但无须添加门店的位置信息

　　D. 商家需要维护O2O平台上的评价

3. 下列关于商家借助他人App营销的说法中，不正确的是（　　）。

　　A. 商家可以在他人App中打广告，广告形式主要有信息流广告和开屏广告

　　B. 商家可以在他人App中通过优质内容吸引用户，让用户在浏览内容的过程中自然地接收营销信息，从而达到营销目的

　　C. 商家在他人App中打广告不需要付费

　　D. 商家在他人App中进行内容营销的前提是了解用户的喜好

4. App推广的方式不包括（　　）。

　　A. 资源互推　　　　　　　　B. 通过刷量虚增App下载量

　　C. 应用商店推广　　　　　　D. 线下活动推广

二、多选题

1. 下列各项中，属于LBS营销基本前提的有（　　）。

　　A. 用户主动分享自己的地理位置

　　B. 企业需要有实体门店

　　C. 用户允许设备接收企业的推广信息

　　D. 企业需要在线下开展推广

2. LBS营销的应用涉及的方面包括（　　）。

　　A. 生活服务　　B. 社交　　　　C. 旅游　　　　D. 广告推送

3. 下列各项中，属于小程序营销优势的有（　　）。

　　A. 积累用户　　　　　　　　B. 入口多样

　　C. 不需要开发　　　　　　　D. 功能全面

4. 企业可以运用的引流策略包括（　　）。

　　A. 微信公众号引流

　　B. 开通"附近的小程序"功能引流

　　C. 优化关键词引流

　　D. 线下二维码引流

三、判断题

1. App营销分为商家利用自有App营销和借助他人App营销。（　　）

2. App营销中，应用内互推是合作伙伴之间互相利用对方的App访问资源（如流量），互相推广，以实现双方App用户的增加。（　　）

3. 小程序营销者要想长期留住用户，可以对小程序积累的用户进行分等级的精细化运营，通过设置会员的门槛与权益，将小程序的用户群体划分为忠实用户、普通用户、新用户等，分别对其设置运营策略。（　　）

4. 策划App营销活动时需要设置较高的参与门槛，从而提升App用户的质量。（　　）

项目五

短视频营销和直播营销

职场情境

　　一天，小艾点开一个名叫"××精选"的微信公众号，发现其发布了带货短视频，而且该公众号正在直播。这个公众号她已经关注很久了，以前一直通过图文内容来带货，没想到现在也开始涉足短视频和直播领域了。李经理说，目前在移动商务领域，短视频和直播非常热门，很多用户都习惯于在观看短视频和直播的过程中进行网购，短视频营销和直播营销已成为各大商家必争的战略要地，学习移动商务也有必要掌握相关的内容。

学习目标

📎 **知识目标**

1. 掌握短视频账号的打造，短视频内容的策划，短视频的拍摄、剪辑及推广方法。
2. 掌握直播的筹备、开展、宣传、复盘方法。

📎 **技能目标**

1. 能够根据营销需要打造短视频账号。
2. 能够确定短视频的选题、短视频内容的展现形式并撰写短视频脚本。
3. 能够拍摄并剪辑短视频。
4. 能够筹备并完成简单的直播活动。

📎 **素质目标**

1. 了解短视频行业的相关法律法规。
2. 了解主播这一职业需要进行的培训，懂得任何成功都需要付出。

任务一 短视频营销

任务描述

李经理带着小艾查看了几个热门账号发布的带货短视频，小艾看后发现这些短视频的点赞量很多，用户在评论区中对带货产品的评价也很好。李经理说目前短视频行业竞争激烈，要想脱颖而出，必须做好一系列的准备工作。

任务实施

👤 活动1　短视频账号的打造

李经理告诉小艾，要开展短视频营销必须先有一个短视频账号，为此需要先做好短视频账号的人设定位，然后选择一个短视频平台，注册并设置账号。

1. 短视频账号的人设定位

人设即人物设定，指在发布短视频前提前设定好人物的性格、身份及说话方式等。好的人设能提高账号的辨识度，给用户留下深刻印象。账号人设定位的具体步骤如下。

（1）确定细分领域。确定细分领域是指确定短视频内容涉及哪个细分的领域或行业，如美食领域包括川菜、粤菜、湘菜等细分领域，健身领域则包括跑步、瑜伽、球类运动等细分领域。只有确定短视频内容涉及的细分领域，才能保证短视频内容紧紧围绕该领域来创作。

（2）对标账号。对标账号指的是分析同领域账号的短视频，了解该领域用户的喜好，以汲取同领域账号的优点，避免其缺点。例如，通过分析音乐剪辑类短视频，可发现许多用户并不喜欢短视频中包含创作者的解说内容。因此，如果要创作这类短视频，则应尽量避免在短视频中添加解说内容。

（3）明确用户利益点。明确用户利益点是指明确用户浏览短视频后能获得的收益，如心情愉悦、增长知识、购买产品等。例如，在明确自己创作的短视频是为了让用户增长知识后，就应该尽量确保短视频内容既专业又通俗易懂。

完成上述3步后，就可以建立有针对性的账号人设了。例如，某账号的人设定位为"专注中老年奶粉的潮叔"。首先他确定了细分领域为中老年奶粉，然后通过分析同领域账号，了解到用户普遍不喜欢呆板守旧的人物形象，于是将自己定位成一位穿着打扮很时髦，谈吐高雅的男士，并确定了用户的利益点是在愉快的氛围中增长知识，同时购买产品，最终建立了以诙谐而专业的方式销售中老年奶粉的时髦男士人设。

2. 选择短视频平台

当前主流的短视频平台有抖音、快手、视频号等，商家应根据需要进行选择。

（1）抖音。抖音是一款音乐创意短视频社交软件，定位于"记录美好生活"，利用先进的算法给用户推送热门的短视频内容。抖音是目前非常热门的一个短视频平台，QuestMobile数据显示，2022年6月，抖音月活跃用户数为6.8亿。

（2）快手。快手最初是一款制作、分享 GIF 图片的手机应用，于2012年转型为短视频社区。与抖音相比，快手的用户更多集中在三、四线及以下城市和农村地区。根据快手发布的报告，快手2022年一季度月活跃用户数为5.98亿。

（3）视频号。视频号是微信官方推出的短视频平台，微信为其设置了视频号信息流、直播推荐流、朋友圈、微信公众号、小程序、看一看等多个入口。微信视频号依托微信巨大的活跃用户群，在短时间内就获得了大量的用户，QuestMobile数据显示，2022年6月，微信视频号月活跃用户数突破8亿。

3. 注册并设置账号

做好短视频账号的人设定位，并选择好平台后，就可以在短视频平台中注册账号，并对账号的名称、头像等进行设置。一般直接通过手机号即可注册，注册成功后，修改名称并上传头像即可。

活动2 短视频内容的策划

小艾看别人发的短视频都很有趣，其中也没有明显的广告内容，就问李经理，他们是怎么通过短视频营销的。李经理说，现在用户对短视频的要求很高，进行短视频营销时需要策划出精彩的内容，在内容里植入营销信息，这样才能不引起用户的反感，并且吸引用户关注。短视频内容的策划具体包括以下步骤。

1. 确定短视频的选题

选题简单来说就是短视频的主题，确定选题是策划短视频内容的第一步，选题直接关系到短视频内容最终的关注度和传播效果。在确定选题时，商家可以在短视频平台中搜索内容领域关键词，如"美食"，然后在搜索结果页点击"筛选"按钮 ，筛选出点赞数较多的短视频，从而找到当前比较热门的短视频，将这些短视频的选题记录下来备选。此外还可以在短视频评论区、粉丝群、微博等发起投票，让用户从备选选题中选出自己感兴趣的选题，最后结合自身拍摄能力、资金、设备等实际情况确定最终选题。

> **动手做**
>
> #### 收集短视频选题
>
> 查看抖音等平台的热搜榜单，选择4个热门的美食类短视频选题，并填写到表5-1中。
>
> 表5-1　美食类短视频选题
>
> | | | | |
> |---|---|---|---|
> | | | | |

2. 确定短视频内容的展现形式

如同文章有叙事、议论等形式，短视频内容也有自己的展现形式。目前比较流行的短视频内容的展现形式如表5-2所示。

表5-2　短视频内容的展现形式

类型	介绍
图文拼接	使用短视频平台提供的模板，将照片添加到其中制作成短视频
故事短剧	有主角、有情节的短视频，需要真人出镜扮演，通常以幽默、感人等风格打动用户
真人口述	由真人出镜直面镜头，讲解各种有价值的知识（如职场晋升之道、教育理念等）

类型	介绍
展示分享	通过试用、演示等手段分享某事（如做菜）、某物（如某产品）
Vlog	以微型纪录片的形式记录日常生活的片段

3. 确定营销信息的植入方式

短视频营销的主要方式是在短视频内容中植入营销信息，植入方式主要有品牌露出、剧情植入和口播3种。

（1）品牌露出。品牌露出是使产品作为道具出镜，以呈现在用户面前，这种方式比较直接，很多短视频都用这种方式来宣传品牌。

（2）剧情植入。剧情植入是将产品或品牌融入场景，通过短视频故事情节的发展使产品或品牌自然显露。

（3）口播。口播就是直接用念台词的方式，把产品的信息、功效作用口述出来。

4. 撰写短视频脚本

在确定了短视频的选题、短视频内容的展现形式和营销信息的植入方式后，商家就可以着手撰写短视频脚本了。短视频脚本是介绍短视频的详细内容和具体拍摄工作的说明书。在短视频创作中，比较常见且实用的是分镜头脚本。分镜头脚本主要是以文字的形式直接描述不同镜头的短视频画面，主要项目包括景别、拍摄方式（运镜）、画面内容、台词、音效和时长等。现有某巧克力品牌需要拍摄一则美食制作短视频，将巧克力作为道具（原料）植入其中，其分镜头脚本如表5-3所示。

知识链接

景别与运镜

表5-3　分镜头脚本

镜号	景别	运镜	画面内容	台词	音效	时长
1	中景	固定镜头，斜上方拍摄	在盆中倒入提前洗干净、去蒂的草莓，备用	今天我们来自制草莓巧克力球。先将草莓洗干净去蒂，再倒入盆中	轻音乐或者欢快的音乐	2秒
2	中景	固定镜头，斜上方拍摄	把××牌黑巧克力放在砧板上，打开包装，慢慢展示，然后将其切碎	将烘焙巧克力切碎，这次准备的是××牌黑巧克力，其采用的是优质可可豆，口感酥脆，带有甜甜的香气		6秒

镜号	景别	运镜	画面内容	台词	音效	时长
3	中景	固定镜头，斜上方拍摄	将巧克力放入玻璃杯中，将整个玻璃杯放入小锅中，隔水融化巧克力	现在将其隔水融化	轻音乐或者欢快的音乐	3秒
4	中景	固定镜头，斜上方拍摄	用夹子夹住草莓，让其浸泡在巧克力液中，然后取出	将草莓放进来，让草莓表面裹满巧克力		3秒
5	中景	固定镜头，斜上方拍摄	将草莓放置到托盘中	等待草莓表层的巧克力凝固		2秒
6	特写	固定镜头，斜上方拍摄	切开草莓巧克力球，向镜头展示	这样草莓巧克力球就做好了，是不是很简单？赶紧做起来吧，记得一定要用××牌巧克力哦		5秒

🖌️ 动手做

为某文具品牌的短视频策划内容并撰写脚本

现有一个文具品牌想要利用短视频营销其新推出的钢笔，请以6人为一个小组，按照以下步骤为该品牌的短视频进行策划。

1. 确定短视频的选题，如钢笔测评等。
2. 根据选题确定短视频内容的展现形式、营销信息的植入方式。
3. 撰写短视频分镜头脚本。

✍️ 素养小课堂

近年来，我国高度重视短视频行业的规范化发展问题。中国网络视听节目服务协会于2019年发布了《网络短视频平台管理规范》及《网络短视频内容审核标准细则》。前者对平台应遵守的总体规范及账户管理、内容管理和技术管理规范提出了20条建设性要求。后者则面向短视频平台一线审核人员，针对短视频领域的突出问题，提供了操作性审核标准100条。

👤 活动3　短视频的拍摄与剪辑

小艾说自己尝试拍了一段日常生活主题的短视频，并将其发布在了短视频平台上，但没有什么人观看。李经理说，短视频的拍摄需要运用一定的技巧，拍摄好后还需要剪辑，这样才能使短视频更具吸引力，并取得期望的营销效果。

1. 短视频的拍摄

要拍摄短视频，首先要选择合适的拍摄器材。使用拍摄器材进行短视频的拍摄时，要确保画面清晰、美观。

（1）选择拍摄器材。目前常用的拍摄器材主要包括手机、相机和无人机3种。其中，手机是当前主流的拍摄器材，具有拍摄方便、操作智能、编辑便捷等优势；相机则更适合资金较充足的专业短视频团队，常用来拍摄短视频的相机主要有单反相机（见图5-1）、微单相机和运动相机等；无人机（见图5-2）通常用来拍摄自然、人文风景，通过大全景展现壮观的景象。

知识链接

辅助器材介绍

此外，还有一些辅助器材可以提高拍摄质量，包括话筒、三脚架、手机稳定器、外接镜头、补光灯等。

图5-1　单反相机

图5-2　无人机

（2）拍摄短视频。目前，手机可以满足大部分用户的拍摄需求，因此可以直接用于拍摄短视频。用户在拍摄前需要设置分辨率、帧数、参考线，然后调整焦距，再进行拍摄。下面以某款小米手机为例介绍如何拍摄产品使用过程的短视频，其具体操作如下。

微课视频

拍摄短视频

步骤01　在桌面上点击摄像机📷图标，进入拍摄界面，如图5-3所示，点击"录像"选项卡，在打开的界面中点击右上角的▤按钮。

步骤02　在打开的列表中点击"1080P 30FPS"选项，点击"参考线"选项下方的◢按钮，在打开的面板中可设置参考线种类，如图5-4所示，这里保持默认设置。

步骤03　在取景框中下部点击"1×"右侧的◉按钮，调整焦距为"2×"

（即启用长焦镜头），如图5-5所示。

步骤 04 将镜头对准拍摄物，点击取景框下部的⚪按钮开始拍摄，拍摄时展示产品的使用过程，展示完成后点击⚫按钮结束拍摄。

💡 **知识窗**

1080P 是分辨率（常见的分辨率还有 720P、4K 等），在其他参数一定的情况下，分辨率越高，视频就越清晰，但视频文件所占空间也会越大。30FPS 是帧数（常见的帧数还有 60FPS），在分辨率相同的情况下，尽量选择高帧数，让拍摄出来的视频画面更加流畅。长焦镜头的焦距更长，取景范围更小，主要用来拍摄较远的景物，其优点是容易形成明显的空间层次感。

💡 **知识窗**

图5-3 进入拍摄界面　　　图5-4 设置参考线种类　　　图5-5 调整焦距

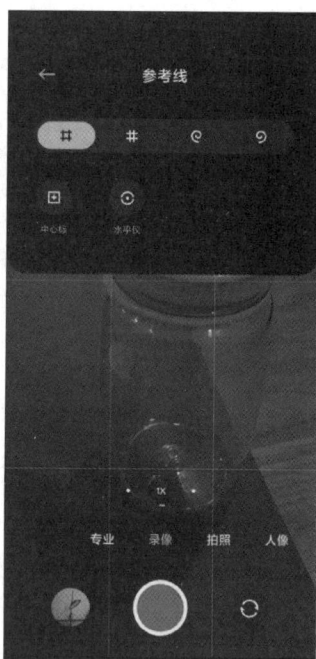

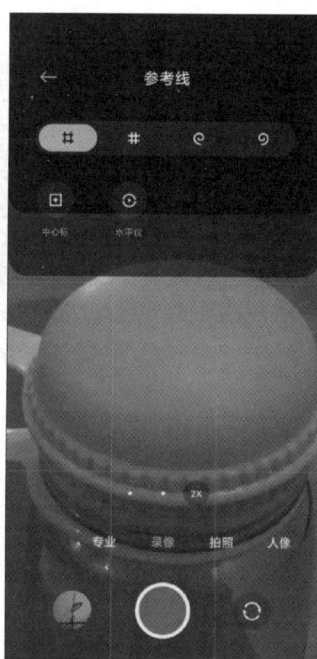

2. 短视频的剪辑

完成短视频的拍摄后，需要剪辑短视频，以对短视频进行优化。剪辑是指将拍摄的视频素材剪去多余的部分，并对声音、字幕和特效等进行处理，制作出一个完整的短视频。剪辑短视频需要使用剪辑工具，并掌握剪辑流程。

（1）剪辑工具

目前常用的剪辑工具有剪映、Premiere和爱剪辑。

① 剪映：剪映是抖音官方推出的一款免费手机视频编辑工具，具备全面的剪辑功能及丰富的曲库资源，支持变速、多样滤镜效果。通过剪映剪辑完成的视频可以直接同步发布到抖音或西瓜视频中。

②Premiere：Premiere是一款专业的视频编辑软件，功能包括剪辑、调色、美化音频、字幕添加、输出、DVD刻录等，能够满足用户输出高质量视频的要求，操作难度相对较大。

③ 爱剪辑：爱剪辑是一款免费的剪辑软件，其功能较为全面，包含特效、字幕、素材和转场动画添加，且操作简单，适合新手使用。此外，爱剪辑对计算机硬件要求比较低。

（2）剪辑流程

短视频剪辑通常可以分为5步，即初步剪辑（留下与内容主题有关的核心部分，去掉多余的视频素材），添加音乐，添加字幕，添加滤镜、转场效果、贴纸等，生成短视频。下面以剪映为例，介绍具体方法。

步骤 01　初步剪辑。打开剪映App，在主界面中点击上方的"开始创作"按钮＋，在打开的界面中点击需要导入的视频素材。进入剪辑界面，移动视频滑轨，使时间线位于需要剪辑的位置，点击"剪辑"按钮✄，在打开的列表中点击"分割"按钮⫯，如图5-6所示。点击分割后需要删除的视频素材，点击"删除"按钮⧠。

步骤 02　添加音乐。移动视频滑轨，使时间线移动到设想的音乐起始处，点击"音频"按钮♪，在打开的界面中点击底部的"音乐"按钮◉，如图5-7所示。打开"添加音乐"界面，点击某一音乐选项试听，然后点击右侧的使用按钮。此时视频滑轨下方将出现音频素材，拖动其右侧的按钮，可以调整音频素材的持续时间。

步骤 03　添加字幕。移动视频滑轨，使时间线移动到设想的字幕起始处，点击"文字"按钮▣，在打开的列表中点击"新建文本"按钮A+，在文本框中输入字幕内容，点击✓按钮，如图5-8所示。此时视频滑轨下方将出现字幕素材，拖动其右侧的按钮，可以调整字幕素材的持续时间。

步骤 04　添加滤镜、转场效果、贴纸等。移动视频滑轨，使时间线移至需要添加滤镜的位置，点击底部的"滤镜"按钮◈，在打开的列表中点击某一滤镜选项，拖动下方滑块调整滤镜深浅，然后点击▽按钮，如图5-9所示。将时间线移至需要添加转场效果的位置，点击两段视频素材中间的∣按钮，在打开的"转场"面板中点击某一转场效果选项，然后点击▽按钮，如图5-10所示。添加贴纸的操作类似，图5-11所示为在视频结尾处添加贴纸的界面。

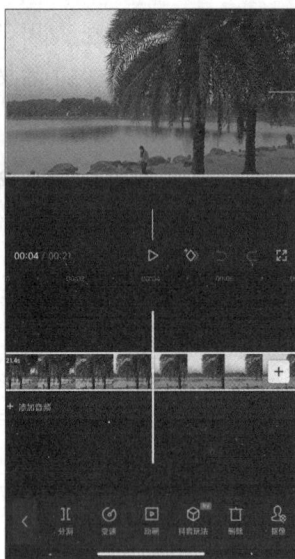

图5-6　点击"分割"按钮　　图5-7　点击"音乐"按钮　　图5-8　输入字幕内容

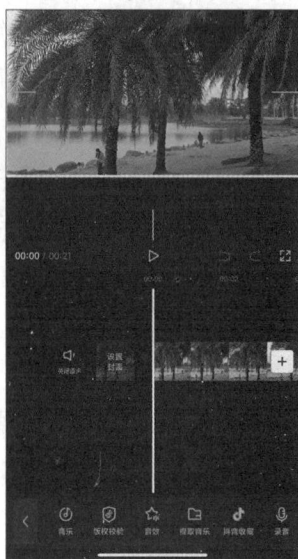

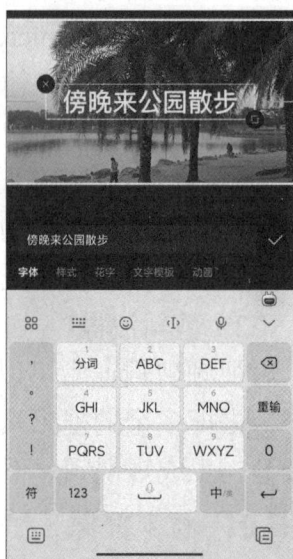

图5-9　添加滤镜　　　　　图5-10　添加转场效果　　　　图5-11　添加贴纸

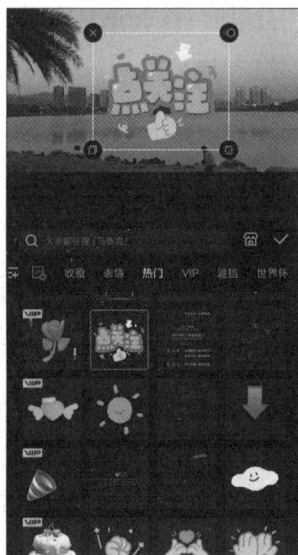

步骤 05 生成短视频。剪辑完成后点击右上角的 导出 按钮即可生成短视频，用户还可以将短视频同步发布到抖音或西瓜视频中。

活动4　短视频的推广

小艾发现自己关注的几个短视频账号都在抖音、快手等多个平台同步发布内容，对此感到很疑惑。李经理说这是为了扩大短视频的传播范围，以更好地推广短视频。短视频推广对于短视频营销而言非常重要，很多短视频账号都会使用以下方法进行推广。

1. 与他人合作推广

与他人合作推广是指寻找有影响力的短视频达人合作进行推广，如让短视频达人在短视频标题中@自己的账号，点赞自己的短视频，与自己的短视频合拍，或在短视频中借助文字、口播等宣传自己的账号，从而吸引短视频达人粉丝的关注。若采用这种方法，商家通常需要支付一定的推广费用。

> **经验之谈**
>
> 合拍是抖音等短视频平台的特色功能，拍摄者可以找到自己感兴趣的短视频，然后自己拍摄短视频与其互动，如合唱一首歌、同跳一支舞等。在合拍短视频中，界面被分为了两部分，一部分显示拍摄者自己拍摄的短视频，一部分是被合拍的短视频，如图5-12所示。

2. 多平台传播

多平台传播是指在多个平台（如抖音、快手、视频号等）建立账号，同步发布短视频，如图5-13所示，以尽可能获得更多用户的关注。值得注意的是，不同平台间的账号名称和发布内容应相同，以免他人盗取短视频或使用账号名称在其他平台引流。

3. 使用推广工具

短视频平台一般提供了付费推广工具，如抖音的"DOU+"、快手的"小火苗"等，商家在推广时可以设置推广计划，如提升播放量等，并支付一定的推广费用进行付费推广。

图5-12　合拍

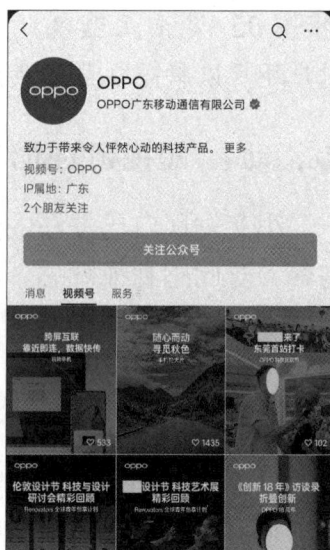

图5-13　多平台传播

任务二　直播营销

任务描述

小艾最近尝试了在直播间下单购物，并认为相对于看淘宝产品详情页，在直播间购物能更全面地了解产品，有问题还能及时获得主播的解答。李经理肯定了小艾的说法，并告诉小艾，直播营销让用户能借助手机直观地感受产品，拉近了用户与产品的距离，因此是移动商务中非常被看好的营销方式。

任务实施

👤 活动1　直播的筹备

小艾观察到很多直播的直播间装饰得很用心。李经理说，何止直播间装饰，直播筹备涉及很多方面，只有做好筹备工作，才能保证直播顺利进行，才能使直播取得较好的营销效果。

1. 打造主播人设

人设是主播的识别符号，主播的人设越鲜明、立体，越容易让用户记住，越能为直播营销打好基础。主播人设主要有3种定位方向，如表5-4所示。

表5-4　主播人设的定位方向

方向	说明
专业达人	专业达人是基于自己的特长、专业领域等打造的人设，如美妆教程达人、服饰穿搭达人等，需要在某一领域有一定的知识储备
泛娱乐达人	泛娱乐达人主要是通过展示才艺，如唱歌、跳舞、书法、绘画等，建立独特的个人形象，进而打造的人设，通常需要具备一定的个人魅力和亲和力
专家学者	专家学者一般是基于自己的职业形成的人设，一般需要机构或职称认证，并有专业技术支持，门槛较高，但容易赢得用户的信任

📝 **素养小课堂**

近年来，直播行业十分火热，很多人都把主播作为自己的理想职业。主播可以出镜以获取用户的关注和喜爱，做得出色还能获得不错的收入。然而，在光鲜的背后，主播这个职业需要从业者付出巨大的努力，进行镜头感、口才、肢体动作、应变等方面的训练，以提升职业素养。

2. 直播选品

直播选品对于直播营销而言十分关键，直播间的产品不能根据主播个人喜好选择，也不是别的主播卖什么就选什么。一些选品工具可以辅助直播选品，如快选品、蝉妈妈、飞瓜数据、灰豚数据等。

以蝉妈妈为例，其选品方法如下。打开并登录蝉妈妈官方网站，在主页面左上角选择"抖音版"选项，将鼠标指针移到页面上方的"商品"选项卡上，在打开的列表中选择"商品库"选项。在打开的页面中的"带货分类"栏中选择品类，然后在"条件筛选"栏中设置佣金比例、抖音销量等，在"带货"栏中单击"直播带货为主"超链接，然后在下方的列表中浏览产品信息，如图5-14所示，找到所需的产品，然后单击"商品"列中的产品缩略图进入产品详情页，如图5-15所示，查看详细信息后若认为合适，可以单击 添加橱窗 按钮将产品添加至橱窗中。

📎 **经验之谈**

在选品时还可以结合主播人设。用户关注主播多半是因为其人设定位能满足自己的需求，因此符合主播人设的产品更能吸引用户。

图5-14 浏览产品信息

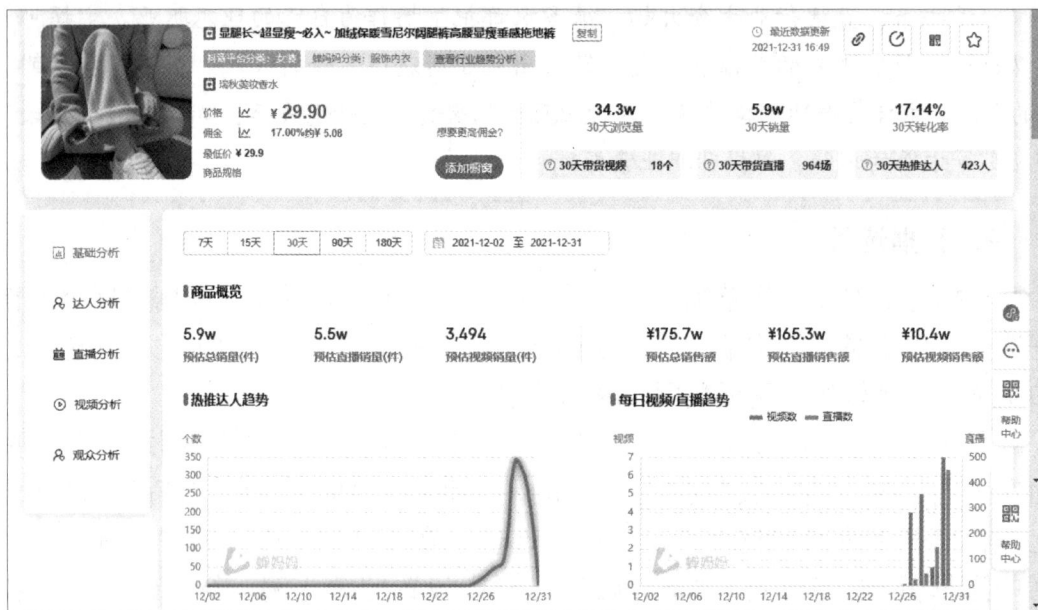

图5-15 产品详情页

3. 筹备直播设备

直播设备是直播过程中不可缺少的工具，完备的直播设备能保证直播效果。常用的直播设备如下。

（1）计算机：主要用于PC端直播、直播后台管理等。如果没有特殊需求（如游戏直播），使用目前主流的笔记本电脑即可。

（2）摄像头：PC端直播时，外接摄像头需满足主播对摄像头的美颜、瘦身、清晰度、拍摄角度等方面的需求。一般而言，1 000元左右的摄像头即可满足直播需求。

（3）手机：用于直播的手机需要有较高的配置、较强的摄像功能，以及较大的内存，以保证直播画面清晰、流畅。

（4）支架：用于固定手机、摄像头、话筒等设备，以保证直播画面稳定。支架可根据需固定设备的数量和尺寸选购。

（5）话筒：在室内直播时，可以使用电容话筒，这类话筒可以避免普通话筒收音延迟、拾音范围小、灵敏度低及音质差的缺点，最好使用悬挂架吊在高处，避免遮挡直播画面；在室外直播或者在室内直播需避免话筒的遮挡时，可以使用便携式话筒。

（6）补光灯：用于为直播提供辅助光线，以得到较好的光线效果。补光灯主要分为柔光灯（包括柔光球或柔光箱，见图5-16）与环形灯（见图5-17）。室内直播需要补充自然光时，可以优先选择柔光灯对拍摄对象进行补光。如果要拍摄人脸近景或特写，或者需在晚上拍摄，则可以选择环形灯，以掩饰人物的面部瑕疵，起到美颜的作用。

（7）独立声卡：用于调整声音的设备，它可以解决大多数手机在直播过程中无法同时开启直播软件和音乐播放软件的问题。并且使用独立声卡播放背景音乐或掌声、笑声等音效，可以达到更好的直播效果，也可以有效地活跃直播间的气氛。

图5-16 柔光灯

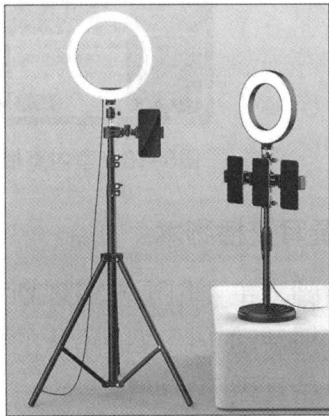
图5-17 环形灯

4. 筹备直播场地

直播场地一般分为室内直播场地和室外直播场地，应根据直播的主题及需求进行选择。

（1）室内直播场地：包括办公室、室内发布厅、直播室等，适合产品体验、培训、见面会等直播主题。室内直播场地需要根据营销目的，进行简单装饰，以增强直播氛围，优化直播效果，但不能过于花哨，以纯色、浅色背景为佳。为保证直播的收音效果，室内直播场地需要有良好的隔音效果，且直播现场应保持较为安静的状态或减少直播现场人数。图5-18所示为某行李箱品牌的室内直播场地，其布置比较简约，背景为浅棕色。

（2）室外直播场地：包括广场、公园、果园等，应根据直播的主题来选择具体场地。一般不建议在过于嘈杂的场地直播。如果晚上在室外直播，需要做好照明工作。图5-19所示的农产品网店直播直接将直播场地定在了果园，直观地展示挂在枝头的水果，让用户真切地感受水果的品质。

图5-18　室内直播场地　　　　图5-19　室外直播场地

5. 撰写直播脚本

直播脚本主要用于提前规划直播内容和活动，梳理直播流程，把控直播节奏，使直播活动按照直播团队的预想有序进行。常见的直播脚本包括整场直播脚本和单品直播脚本两种。

（1）整场直播脚本。整场直播脚本是以单品介绍为单位，对整个直播过程的规划和说明。整场直播通常有一定流程（见图5-20），整场直播脚本基本按照该流程撰写。其具体写作要素包括直播时间、直播地点、直播主题、产品数量、主播介绍和直播流程等。直播流程需包含产品直播的时间段、流程规划，以及主播、助理、场控等人员的分工。表5-5所示为××品牌的整场直播脚本示例，从中可以了解整场直播的规划。

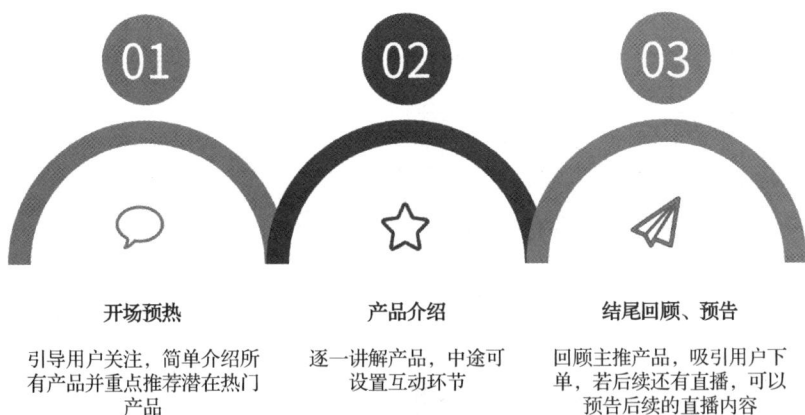

01	02	03
💬	☆	✈
开场预热	产品介绍	结尾回顾、预告
引导用户关注，简单介绍所有产品并重点推荐潜在热门产品	逐一讲解产品，中途可设置互动环节	回顾主推产品，吸引用户下单，若后续还有直播，可以预告后续的直播内容

图5-20　整场直播流程

表5-5　××品牌整场直播脚本示例

直播概述	
直播时间	2023-2-3，20:00—22:00
直播地点	××直播间
直播主题	2月新品第一期
产品数量	10
主播介绍	主播：××　　　助理：××　　　场控：××

直播流程				
时间段	流程规划	人员分工		
		主播	助理	场控
20:00—20:10	开场预热	自我介绍，与直播间内的用户打招呼，介绍开场直播截屏抽奖规则，强调每日定点开播，简述今日主推款产品	演示直播截屏抽奖的方法，回答用户在直播间提出的问题	向各平台分享开播信息和直播链接，收集中奖信息
20:10—20:20	活动剧透	简单介绍本场直播所有产品，说明直播间的优惠力度，该过程不与用户互动	展示所有产品，补充主播遗漏的内容	向各平台推送直播活动信息
20:20—20:30	产品推荐	讲解第1~2款产品，全方位展示产品外观，详细介绍产品特点，回复用户问题，引导用户下单	与主播完成画外音互动，协助主播回答用户问题	发布产品的链接，回复用户的订单咨询
20:30—20:35	红包活动	与用户互动，发送红包	提示发送红包的时间节点，介绍红包活动规则	发送红包，收集互动信息

直播流程				
时间段	流程规划	人员分工		
		主播	助理	场控
20:35—20:45	产品推荐	讲解第3~4款产品	与主播完成画外音互动，协助主播回答用户问题	发布产品的链接，回复用户的订单咨询
20:45—20:50	福利赠送	介绍活动：点赞数满××即抽奖，中奖者获得保温杯一个	提示发送福利的时间节点，介绍抽奖规则	收集中奖者信息，与中奖者取得联系
20:50—21:00	产品推荐	讲解第5~6款产品	与主播完成画外音互动，协助主播回答用户问题	发布产品的链接，回复用户的订单咨询
21:00—21:10	福利赠送	介绍活动：点赞数满××即抽奖，中奖者获得30元优惠券	提示发送福利的时间节点，介绍抽奖规则	收集中奖者信息，与中奖者取得联系
21:10—21:20	产品推荐	讲解第7~8款产品	与主播完成画外音互动，协助主播回答用户问题	发布产品的链接，回复用户的订单咨询
21:20—21:25	红包活动	与用户互动，发送红包	提示发送红包的时间节点，介绍红包活动规则	发送红包，收集互动信息
21:25—21:35	产品推荐	讲解第9~10款产品	与主播完成画外音互动，协助主播回答用户问题	发布产品的链接，回复用户的订单咨询
21:35—21:55	产品返场	对呼声较高或其他用户感兴趣的产品进行返场讲解	协助客服向主播提示返场产品，协助主播回答用户问题	向助理与主播提示返场产品，回复用户订单咨询
21:55—22:00	直播预告	介绍明日主推产品，引导用户关注直播间，强调明日开播时间和直播福利	协助主播引导用户关注直播间	回复用户的订单咨询

（2）单品直播脚本。单品直播脚本是围绕单个产品撰写的直播脚本，它对应整场直播脚本的"产品推荐"部分。单品直播脚本是围绕产品来撰写的，

其核心是突出产品的卖点，并对产品的参数、用途、工艺、价格和使用场景等进行详细阐述。为了详细介绍产品，单品直播脚本一般分点进行叙述，表5-6所示为单品直播脚本示例。

表5-6　单品直播脚本示例

脚本要素	讲解内容
产品编号	1
产品名称	××（品牌名）2022年秋季新款宽松圆领套头灰色卫衣
零售价	359元
直播到手价	109元
产品卖点	（1）小图形设计，彰显个性； （2）宽松型，修饰身材； （3）短款，搭配裤子显腿长
产品利益点	（1）本直播间专享的优惠价格； （2）买一件卫衣送一件短袖，买两件减90元

活动2　直播的开展

小艾问："直播筹备得这么详细，那直播时主播照着脚本念就好了。"李经理说："没那么简单，实际直播过程中还有很多工作要完成，除了开通直播外，主播还需要在讲解产品和开展互动两方面进行现场发挥。"

1. 开通直播

开通直播的方法很简单，各大直播平台的操作基本类似，以抖音为例，其开通直播的方法如下。进入抖音App主界面，点击下方的 ⊕ 按钮，在打开的界面下方点击"开直播"选项，在打开的界面中点击 开始视频直播 按钮。打开"实名认证"界面，输入主播的真实姓名和身份证号，点击选中下方的单选项表示同意协议，点击 开始直播 按钮即可开通抖音直播。

2. 讲解产品

讲解产品是直播营销过程中的主要内容。主播在讲解产品时可以参照单品直播脚本，然而仅仅照搬脚本会显得过于死板、内容贫乏，因此还需要进行适当延伸。在延伸时主播需要注意以下要点。

（1）重点介绍用户关注的产品。主播在讲解产品时，必须围绕用户的需求来展开介绍，具体可从图5-21所示的几个方面切入。

（2）增加产品试用/试吃环节。增加产品试用/试吃环节可以为用户营造真实的体验感。在试用/试吃产品的过程中，主播可以围绕产品的外观设计、使用方法、口感以及使用效果等展开介绍。此外，主播在介绍时不能生硬地照着脚本念，应尽量用生动形象的语言来描述产品的试用/试吃体验，使用户产生兴趣。例如，某主播在试吃鸭梨时是这样介绍的："这个鸭梨啊，皮非常薄，好像一碰就破的样子，而且个大、汁多，咬一口，那感觉像喝了一碗淡淡的甜水，爽口但又不腻。"

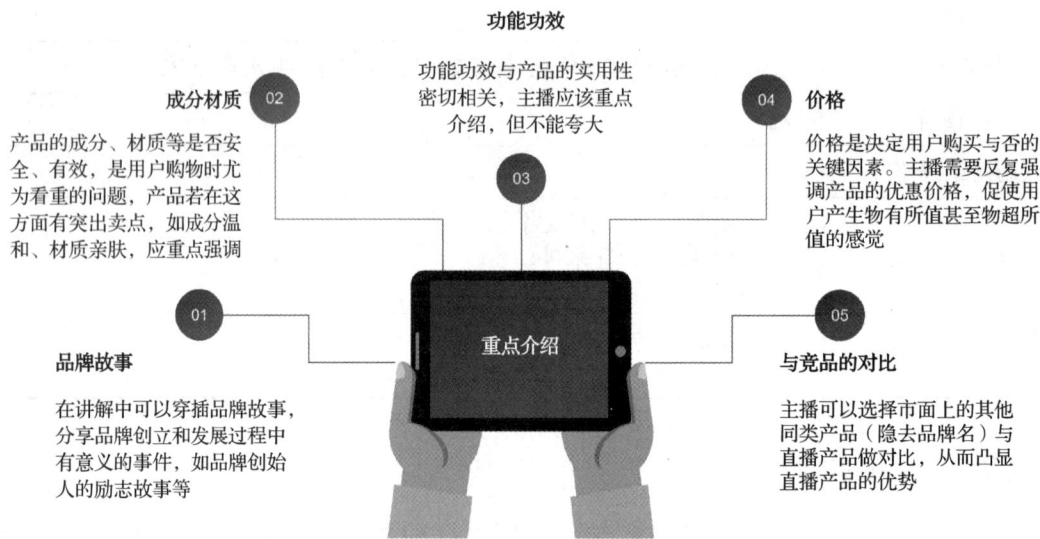

功能功效

功能功效与产品的实用性密切相关，主播应该重点介绍，但不能夸大

成分材质

产品的成分、材质等是否安全、有效，是用户购物时尤为看重的问题，产品若在这方面有突出卖点，如成分温和、材质亲肤，应重点强调

价格

价格是决定用户购买与否的关键因素。主播需要反复强调产品的优惠价格，促使用户产生物有所值甚至物超所值的感觉

品牌故事

在讲解中可以穿插品牌故事，分享品牌创立和发展过程中有意义的事件，如品牌创始人的励志故事等

重点介绍

与竞品的对比

主播可以选择市面上的其他同类产品（隐去品牌名）与直播产品做对比，从而凸显直播产品的优势

图5-21　重点介绍的几个方面

（3）具体描述产品的使用场景。主播在讲解产品时，对于无法直观展示的内容，可以通过场景式描述促使用户展开联想，进而加深用户对产品的感知。例如，某主播在推荐一款厨房备菜架时是这样介绍的："大家是不是经常遇到这样的问题：做饭时厨房的台面上摆了一堆食材，不仅杂乱无章，而且把自己搞得手忙脚乱，影响做饭效率？今天给大家推荐的这款厨房备菜架能够解决这个问题，它采用4层抽屉式设计，我们把食材处理好后，把抽屉拉开放进去就可以了，而且它的层高都是精心设计过的，姜、蒜这些体积小的可以放第一层，白菜、藕块等体积大的可以放最下面一层。做完菜之后，我们可以把它折叠以后收起来，这样就不占空间了。"

3. 开展互动

直播时与用户开展互动十分重要，主播应当努力营造"热闹"的氛围，以感染用户、调动用户的热情，具体而言，可以采用提问、抽奖、开展互动小游戏等方式。

（1）提问。提问是一种很好的促使用户参与互动的方法，主播可以采用开放式提问和封闭式提问两种方式。

① 开放式提问：主播提出比较概括、广泛、范围较大的问题，让用户畅所欲言。例如，某主播在介绍连衣裙时，就面料提出开放式问题："小伙伴们喜欢什么面料的连衣裙？"

② 封闭式提问：主播提出答案唯一、范围较小、有限制的问题，让用户在可选的几个答案中进行选择。例如，某主播在引入扫地机器人时，询问用户："大家下班回家后还有精力打扫卫生吗？有的小伙伴回复1，没有的回复2。"

（2）抽奖。抽奖可以增加用户对直播的期待以及用户在直播间停留的时间。抽奖的形式包括点赞抽奖（每增加一定量的点赞数就抽奖一次）、口令抽奖（用户在评论区发送指定口令即可获得抽奖资格）等。

（3）开展互动小游戏。主播在直播间发起互动小游戏，可以大幅度提升直播的趣味性。互动小游戏的形式很多，包括你划我猜（主播用手比画一个东西，让用户猜，比画的东西可以是接下来要介绍的产品）、来找碴儿（让用户找出两张图片之间有几处不同）等。

活动3　直播的宣传

李经理给小艾看了一条直播预告信息，其显示今晚8点将开展直播，主题是新品促销。小艾说，这样很好啊，感兴趣的用户就能提前安排好时间观看直播了。李经理说，这叫直播前预热，属于直播前的宣传，此外，直播中、直播后也需要进行宣传。

1. 直播前预热

直播前预热可以提前扩大直播的影响力，其较直接、简单的方法是在直播平台中发布直播预告。以抖音为例，发布直播预告的操作方法如下。在抖音App主界面下方点击 按钮，在打开的界面下方点击"开直播"选项。打开"开直播"界面，在上方设置直播封面和标题，然后点击"设置"按钮 ，如图5-22所示。打开"设置"面板，点击"直播预告"栏中的"未设置"超链接，如图5-23所示。打开"直播预告"界面，在"启用直播预告"栏中点击"开启"按钮 ，设置直播的开播时间，输入预告内容，然后点击 保存 按钮，如图5-24所示。此时，抖音App个人主页的简介中会显示直播的开播时间。

> 📖 **经验之谈**
>
> 主播也可以在微博、微信、小红书等第三方平台上发布直播预告，引导这些平台的用户准时观看直播，扩大直播预热范围。

157

图5-22 点击"设置"按钮　图5-23　点击"未设置"超链接　图5-24　设置直播预告

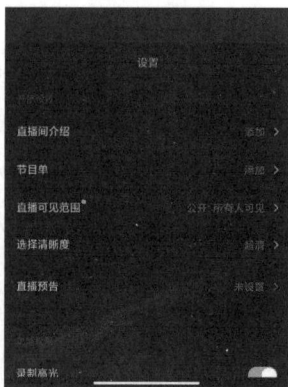

2. 直播中分享

为了持续引流，直播过程中也需要进行宣传。主播可以自己主动到多个平台分享直播间，也可以通过抽奖等方式引导粉丝分享直播间。

3. 直播后二次传播

为了持续营销和吸引新用户，直播结束后，主播也需要采用一些方法推广直播。

（1）设置直播回放。主播可以设置直播回放，然后在相关平台发布直播回放的链接，以吸引错过直播的用户观看，让直播内容起到持续吸引用户的作用。

（2）发布直播片段。主播可以将直播中的精彩片段（如对某产品的详细介绍、主播的才艺展示等）剪辑成短视频发布到短视频平台，以吸引新用户关注直播间。

（3）公布奖品细则。直播中如果有抽奖活动，在直播结束后，主播可以在微博等用户较多的平台公布奖品细则，如获奖名单、奖品、奖品发送状态等，展现直播间丰厚的福利，这也是一种宣传直播的方法。

👤 活动4　直播的复盘

小艾说，自己很佩服一位知名主播，这位主播下播后还要开复盘会到凌晨两点。李经理说，这位主播做得很对，直播复盘是直播营销的关键环节，有助于发现直播中存在的问题，并提出有针对性的解决方案。直播复盘首先要发现并分析问题，再提出解决方案，为下一场直播积累经验。

1. 发现并分析问题

直播复盘的第一步是发现直播中存在的问题，直播团队可以凭借自身的经验快速地发现整场直播中哪个环节或哪个方面存在不足；也可以借助数据分析发现问题，如某款产品的预期销量为10万件，实际销量只有8万件，这说明该产品的讲解可能存在问题。

发现问题后，直播团队应重点分析问题，包括主播状态、团队配合情况、直播销售数据、直播间粉丝问题、直播间人气变化、直播话术和平台规则等，然后进一步分析问题产生的原因。例如，整场直播的流量主要来源于直播平台推荐（如直播推荐、短视频推荐），说明直播预热效果较好，获得了充分的公域流量。但是直播间新增粉丝少，新增粉丝转化率（新增粉丝数/观看用户总数）极低，说明大部分用户没有被直播内容吸引，此时就要分析直播场景是否合理、产品是否具有吸引力、主播是否专业、话术是否恰当、直播互动是否存在不足等，通过排除法找到问题产生的原因。

2. 提出解决方案

分析了问题，直播团队就需要有针对性地提出解决方案，部分问题的解决方案如表5-7所示。

表5-7　部分问题的解决方案

问题	解决方案
场景布置不妥当	直播间风格与主播个人形象匹配；直播间整齐陈列所推产品和周边产品
主播经验欠缺	提高主播的产品讲解能力，增强语言表达的感染力和亲和力，并做好直播脚本和话术的准备工作
产品转化率低	根据目标用户挑选合适的产品，提高产品的性价比，采用限定数量等策略吸引用户下单
互动不足	丰富互动方式，开展红包活动、抽奖活动，上架更多引流产品，提高用户参与直播互动的积极性

最后，直播团队还需要将解决方案应用到下一场直播中，不断提升直播的效果。同时，这样做也可以检验直播团队提出的解决方案是否有效，促使直播团队进一步优化方案。

同步实训

实训一　为农产品网店开展短视频营销

实训描述

本次实训要求同学们在抖音平台上为佳佳美农产品网店开展短视频营销，

要求首先策划短视频内容，然后拍摄并剪辑短视频，最后发布短视频并进行推广。

✕ 操作指南

为农产品网店开展短视频营销，可以参考以下步骤进行操作。

1. 策划短视频内容

策划短视频内容时需要明确短视频选题、内容展现形式以及确定营销信息的植入方式，然后在此基础上撰写短视频脚本。

步骤01 确定短视频的选题、短视频内容的展现形式。在抖音上搜索"农产品"，发现相关热门短视频选题包括农产品介绍、农产品知识科普、农产品采摘场景展示等。为了让用户直观地感受到网店农产品的品质，可以将选题确定为农产品介绍，具体内容为介绍网店热销的丑橘，并选择展示分享作为展现形式。

步骤02 确定营销信息的植入方式。农产品介绍类短视频通常不需要剧情，且宜采用开门见山的叙述风格，因此直接采用口播植入网店营销信息即可。

步骤03 撰写短视频脚本。分别确定短视频各个镜头的景别、拍摄方式（运镜）、画面内容、台词、音效、时长等项目，短视频脚本示例如表5-8所示。

表5-8　短视频脚本

镜号	景别	运镜	画面内容	台词	音效	时长
1	全景	固定镜头，正面拍摄	一只手握住枝头上的丑橘，左右轻微旋转，然后向上旋转，展示丑橘的底部	看看我们家挂在枝头的丑橘，个头多大、多饱满	轻快的纯音乐	8秒
2	全景	固定镜头，正面拍摄	一只手握住枝头上的丑橘，另一只手用水果刀横向切下，切开后握住丑橘的那只手用力捏，挤出汁水	切开来给大家看看这细腻的果肉，汁水非常充足		9秒
3	特写	移镜头（水平向右移动），俯拍	摆得整整齐齐的丑橘	摘下来的丑橘会经过精心挑选，不会有坏果		3秒
4	特写	移镜头（水平向右移动），正面拍摄	桌上的容器里摆着几个丑橘，有人轻轻端起容器	好吃的水果来自佳佳美农产品网店，赶紧进店领取10元优惠券下单吧		6秒

2. 拍摄并剪辑短视频

接下来按照脚本使用剪映App拍摄并剪辑短视频。

步骤 01　打开剪映App，使用抖音账号登录，点击"拍摄"按钮▣。打开拍摄界面，点击右上角的▣按钮，在打开的列表中设置拍摄参数，这里默认分辨率为1080P，宽高比为9∶16。点击▣按钮开始拍摄。完成一个场景的拍摄后点击▣按钮。在拍摄特写镜头时可以点击▣按钮，调整为2倍焦距进行拍摄。

步骤 02　完成各个场景的拍摄后，点击拍摄界面左侧的图标▣，在打开的界面中点击刚才拍摄好的视频（配套资源：\素材\丑橘1～4.mp4），然后点击▣▣▣按钮。

步骤 03　打开剪辑界面，移动视频滑轨，使时间线位于第6秒处，点击"剪辑"按钮▣，在打开的列表中点击"分割"按钮▣，如图5-25所示。点击分割后的第2段视频素材，点击"删除"按钮▣。

步骤 04　点击第3段视频素材，移动视频滑轨，使时间线位于第16秒处，按照相同的方法进行分割，并删除第3段视频素材中被分割出来的前半部分。

步骤 05　移动视频滑轨，使时间线位于起始处，点击"文字"按钮▣，在打开的列表中点击"新建文本"按钮▣，如图5-26所示。

步骤 06　在文本框中输入"看看我们家挂在枝头的丑橘"，换行后输入"个头多大、多饱满"。

步骤 07　移动视频画面中的文本框，使其位于画面底部，然后点击"样式"选项卡，向右拖动"字号"栏中的滑块，将字号设置为"12"，然后点击▣按钮，如图5-27所示。向右拖动字幕素材右侧的▣按钮，将字幕素材持续时间调整为4秒。

步骤 08　返回剪辑界面，在第7秒处添加字幕"切开来给大家看看这细腻的果肉，汁水非常充足"，并将视频画面中的文本框移动到靠近底部的位置，调整字号为"11"，然后点击▣按钮。向右拖动字幕素材右侧的▣按钮，使字幕素材持续显示到第14秒。

步骤 09　使用相同的方法在第3段、第4段视频素材的开始处添加字幕"摘下来的丑橘会经过精心挑选，不会有坏果""好吃的水果来自佳佳美农产品网店，赶紧进店领取10元优惠券下单吧"，使其持续显示到第3段、第4段视频素材结束。

图5-25　点击"分割"按钮　　图5-26　点击"新建文本"按钮　　图5-27　设置文本样式

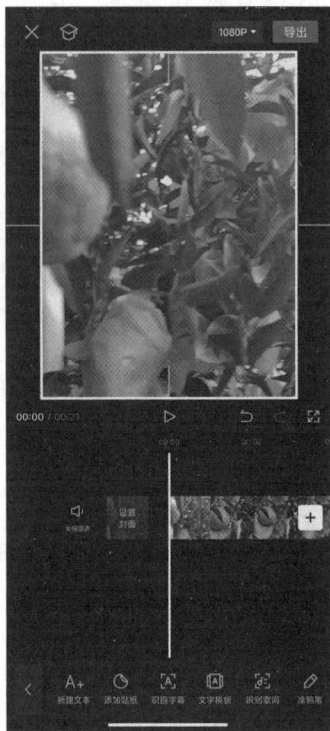

步骤 10 移动视频滑轨，使时间线位于第6秒处，点击第1、2段视频素材之间的 按钮，在打开的"转场"面板中选择"叠化"选项，点击 按钮，如图5-28所示。按照相同的方法分别为第2、3段和第3、4段视频素材间添加转场效果。

步骤 11 移动视频滑轨，使时间线位于开始处，点击"关闭原声"按钮 ，然后点击"音频"按钮 ，在打开的列表中点击"音乐"按钮 ，打开"添加音乐"界面，如图5-29所示，点击"纯音乐"选项。

步骤 12 试听音乐，选定后点击右侧的 使用 按钮。返回剪辑界面，点击音乐素材，向左拖动音频素材右侧的 按钮，使音频素材的时长与视频的时长相等。

步骤 13 点击音乐素材，点击"淡化"按钮 ，将"淡出时长"设置为2秒，点击 按钮，如图5-30所示。

图5-28　添加转场效果　　图5-29　"添加音乐"界面　　图5-30　设置淡出效果

3. 发布并推广短视频

剪辑完成后需要导出短视频，并将其发布到抖音中。为了增加短视频的热度，还需要投放DOU+，以获取更多的点赞评论量。

步骤 01 点击 导出 按钮，导出完成后点击"抖音"选项，如图5-31所示，在打开的界面中查看视频效果（配套资源：\效果\丑橘短视频.mp4），然后点击 下一步 按钮。

步骤 02 打开发布界面，在其中输入描述语，并点击下方的"#优质农产品""#新鲜应季水果"话题，然后点击 ↑ 发布 按钮，如图5-32所示。

步骤 03 打开抖音App，点击底部的 我 按钮，在打开的界面中点击刚才发布的短视频，在打开的短视频播放界面中点击 ••• 按钮，在打开的面板中点击"上热门"选项。

步骤 04 在打开的"DOU+上热门"界面的"我想要"栏中设置想要提升的项目，这里点击"点赞评论量"选项，然后点击想选择的套餐，最后点击 拼手气支付 按钮完成支付即可，如图5-33所示。

图5-31 点击"抖音"选项　　图5-32 发布短视频　　图5-33 投放DOU+

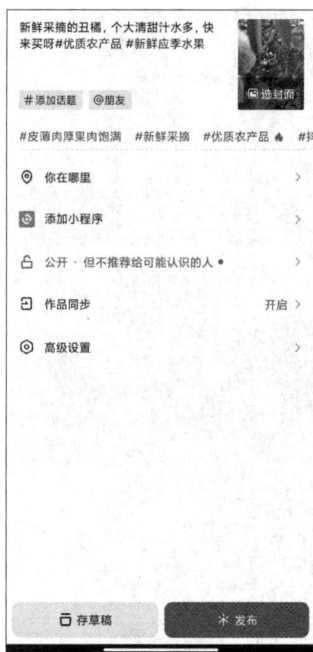

💬 **实训评价**

同学们完成实训操作后，提交短视频脚本和短视频文件，老师据此按表5-9所示内容进行打分。

表5-9 实训评价

序号	评分内容	总分	老师打分	老师点评
1	短视频脚本是否完整、合理	50		
2	短视频是否完整，效果是否美观	50		

得分：＿＿＿＿＿＿＿＿

👤 实训二　为日用品品牌进行直播营销

📋 **实训描述**

真乐是一个针对普通大众消费群体的平价日用品品牌，旗下产品包括收纳产品、衣架、置物架、垃圾桶、拖鞋等。该品牌打算于2023年4月1日19:00—21:00在点淘（淘宝官方直播平台）上开展直播营销，以促进旗下产品的销售。本场直播的主播为张倩倩（收纳达人人设，已拥有一定的人气），场控为刘双。为吸引用户，该品牌计划在直播过程中开展抽奖活动。现要求同学们为该场直播选品、确定直播设备、布置直播场地、撰写直播脚本，并进行直播预热。

✖ 操作指南

为日用品品牌进行直播营销，可以参考以下步骤进行操作。

步骤 01 直播选品。本场直播属于真乐专场，所有产品均来自真乐。根据蝉妈妈的数据，日用品中数据表现较好的是收纳产品，同时考虑到主播收纳达人的人设，所以可以选择真乐旗下的10款收纳产品，包括大型布艺收纳箱、冰箱收纳盒、桌面收纳盒、被子收纳袋、洗漱用品旅行收纳袋等。

步骤 02 确定直播设备。本场直播的产品体积均不算太大，主播的演示也比较简单，所以采用手机进行直播即可，另外还需要配备支架、话筒、环形灯、计算机（用于后台管理）。

步骤 03 布置直播场地。日用品直播适合在室内进行，本场直播可以选在面积为10平方米左右的安静的办公室进行，以浅灰色幕布或窗帘作为直播背景，也可以设置产品摆放背景，参考效果如图5-34所示。然后将直播产品整齐地摆放在主播面前的桌子上。此外，桌子上还可以摆放一些宣传物料，如写有优惠信息的黑板、印有真乐品牌Logo的牌子等。而环形灯应该摆放在主播正前方1米左右且比主播高15厘米左右的位置。

步骤 04 撰写直播脚本。首先将直播划分为3个部分，即直播开场和用户打招呼、直播过程主要介绍商品、直播结尾与用户互动告别；然后分配直播时间，直播开场10分钟、直播过程中每款产品讲解10分钟、两个抽奖活动总共5分钟、直播结尾5分钟；设计抽奖活动，可以要求用户发布规定的口令（恭喜

图5-34　直播背景参考效果

真乐开播、真乐大卖）的弹幕，抽奖时采用截屏抽取中奖者的方式，截屏上排在前5的用户即可获得礼品，如桌面收纳盒等；最后根据前述已知信息形成直播脚本，如表5-10所示。

表5-10　直播脚本

直播概述				
直播主题	营销收纳产品			
直播人员	主播：张倩倩，场控：刘双			
直播时间	2023年4月1日19:00—21:00			
直播流程				
时间段	流程		主播	场控
19:00—19:10	直播开场	打招呼	进入直播状态，和用户打招呼，介绍品牌以及直播间的产品	引导用户关注直播间
19:10—19:40	直播过程	介绍第1~3款产品	展示产品的外观、卖点、使用方法、福利等	协助主播把控直播节奏
19:40—19:43		抽奖	让用户以弹幕的形式发布"恭喜真乐开播"，并截屏抽奖，公布抽奖结果和礼品	协助主播把控直播节奏
19:43—20:13		介绍第4~6款产品	展示产品的外观、卖点、使用方法、福利等	协助主播把控直播节奏
20:13—20:15		抽奖	让用户以弹幕的形式发布"真乐大卖"，并截屏抽奖，公布抽奖结果和礼品	协助主播把控直播节奏
20:15—20:55		介绍第7~10款产品	展示产品的外观、卖点、使用方法、福利等	协助主播把控直播节奏
20:55—21:00	直播结尾	感谢用户	告别用户，感谢其支持	播放背景音乐和欢呼的声效

步骤05 直播预热。在淘宝主播App主界面的"预热下一场直播"栏中点击 发预告 按钮。打开"发预告"界面，添加封面，设置直播标题和时间、直播内容介绍、商品所属频道栏目等内容，完成后点击 发布预告 按钮。

💬 **实训评价**

同学们完成实训操作后，提交策划报告以及直播脚本，老师据此按表5-11所示内容进行打分。

表5-11 实训评价

序号	评分内容	总分	老师打分	老师点评
1	直播选品、设备、场地布置是否合理	40		
2	直播脚本是否完整、合理	40		
3	是否完成了直播预热	20		

得分：_____

项目总结

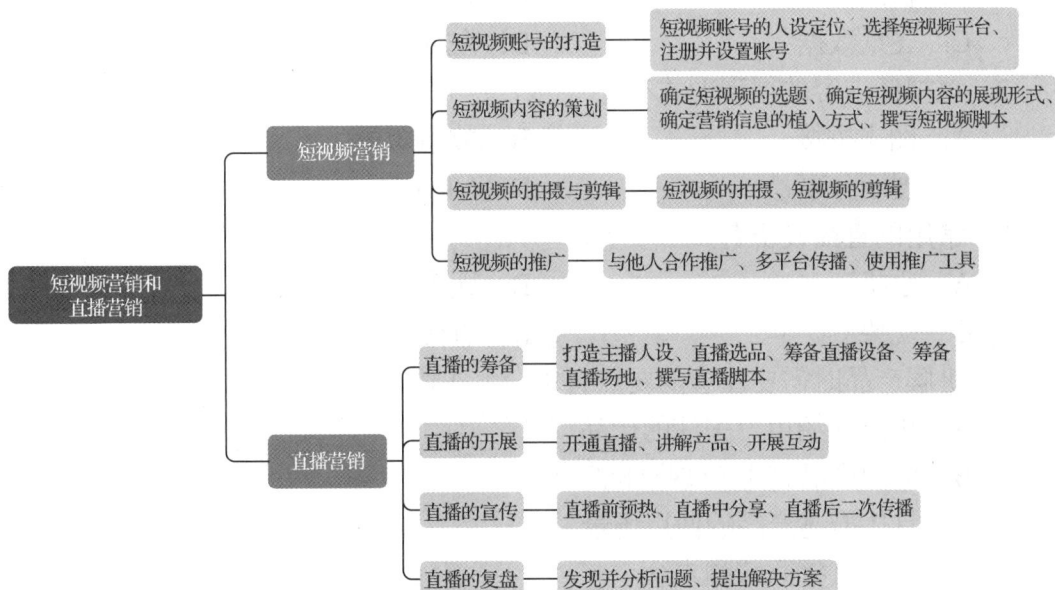

课后习题

一、单选题

1. 下列不属于短视频账号人设定位步骤的是（　　　　）。
   - A. 确定细分领域
   - B. 明确用户利益点
   - C. 对标账号
   - D. 查看用户画像

2. 下列各项中，不属于短视频脚本所包含项目的是（　　　　）。
   - A. 画面内容
   - B. 景别
   - C. 道具
   - D. 音效

3. 下列各项说法中，不正确的是（　　　　）。
   - A. 直播选品时可以使用蝉妈妈
   - B. 主播在讲解产品时，对于无法直观展示的内容，可以通过场景式描述促使用户展开联想
   - C. 直播复盘时只能根据经验发现问题
   - D. 在直播结束后，主播可以将直播中的精彩片段剪辑成短视频发布到短视频平台，以吸引新用户关注直播间

二、多选题

1. 常用的直播选品工具有（　　　　）。
   - A. 快选品
   - B. 蝉妈妈
   - C. 飞瓜数据
   - D. 灰豚数据

2. 短视频内容的展现形式有（　　　　）。
   - A. 图文拼接
   - B. 故事短剧
   - C. 展示分享
   - D. Vlog

3. 常用的直播设备有（　　　　）。
   - A. 手机
   - B. 无人机
   - C. 支架
   - D. 补光灯

4. 讲解产品时需要注意的要点有（　　　　）。
   - A. 重点介绍用户关注的产品
   - B. 增加产品试用 / 试吃环节
   - C. 具体描述产品的使用场景
   - D. 可以直接照着脚本念

三、判断题

1. 整场直播脚本的具体写作要素包括直播时间、直播地点、直播主题、产品数量、主播介绍和直播流程等。　　　　　　　　　　　　　（　　）

2. 室内直播场地需要根据营销目的，进行简单装饰，以增强直播氛围，优化直播效果，因此可以采用五颜六色的背景。　　　　　　　　（　　）

3. 室内直播需要补充自然光时，可以优先选择环形灯对拍摄对象进行补光。　　　　　　　　　　　　　　　　　　　　　　　　　　（　　）

项目六

维护移动商务安全

职场情境

一天，小艾在网上浏览到一条新闻：一名男子在外出时用手机连接了不安全的公共网络，并在手机上进行了网购，结果其银行卡号和密码被不法分子盗取，差点遭受财产损失。小艾把这条新闻分享给李经理，李经理说，现在移动商务普及度越来越高，不法分子也开始将目光投向了移动商务。因此，移动商务面临着各种安全威胁，我们普通用户也要掌握相关知识，以更好地维护移动商务安全。

学习目标

知识目标

1. 熟悉移动商务面临的安全威胁和移动商务安全技术。
2. 熟悉移动终端面临的安全威胁和移动终端的安全防护。

技能目标

1. 能够分辨各种生物特征识别技术的应用。
2. 能够做好移动终端的安全防护。

素质目标

1. 增强对虚假广告相关法律法规的认识，增强法律意识。
2. 了解我国在保护网络安全方面的决心和做出的成绩。

任务一　维护移动商务行业安全

任务描述

小艾说，有次她尝试在一个不知名的购物小程序上下单，却被朋友阻止了，因为朋友发现该小程序在引导小艾填写身份证号等隐私信息。李经理说："你朋友做得很对，这个购物小程序要么存在管理问题，要么就是不法分子用来套取用户隐私信息的工具。看来你的安全意识不强，得好好了解下移动商务行业安全的相关知识。"

任务实施

活动1　了解移动商务面临的安全威胁

李经理接着说，虽然移动商务为人们的生活带来了便利，提高了社会的运作效率，但安全问题一直制约着移动商务的发展。移动商务面临的安全威胁主要有以下几个方面。

1. 无线通信网络面临的安全威胁

移动商务的运营和使用都是在无线通信网络中进行的，无线网络的信号传输和有线网络不同，有线网络通过光缆传输数据，无线网络的数据则是通过电磁波传播的，所以无线通信网络环境更复杂，所面临的安全威胁比有线通信网络更加严峻。总体而言，无线通信网络面临的安全威胁体现在以下方面。

（1）信息被窃取。这里所说的窃取是不法分子常用的一种网络攻击手段，当不法分子采取某种方法登录网络服务器终端并取得相关权限后，便可截获网络内的数据。由于无线网络信号传输介质的安全性比有线网络低，所以无线网络环境中信息被窃取的可能性更大。

（2）信息被篡改。不法分子在截断正常的通信连接后，对信息数据进行篡改，破坏信息的完整性，使用户无法进行正常的工作。

（3）错误连接。由于无线网络的开放性，不法分子可以借助某些技术模仿网络接入点来假冒网络资源，用户在毫不知情的状态下可能连接到伪装的网络接入点并泄露一些敏感信息。

（4）通信干扰。不法分子对通信信号进行干扰，导致用户无法使用访问网络服务。不法分子一般通过向服务器或移动终端发送大量垃圾信息或干扰信息的方式，使服务器无法向用户提供正常服务或使用户的访问请求一直处于等待状态，导致用户无法进行正常的工作。

2. 移动支付面临的安全威胁

移动支付是移动商务活动交易过程中的重要环节。移动支付环节出现安全问题，不仅会影响移动商务活动的正常开展，还容易造成用户和商家的经济损失。总体而言，移动支付面临如下安全威胁。

（1）信息泄露的威胁。移动支付的信息泄露风险，一是由于智能手机的操作系统及智能手机中安装的App存在各种安全漏洞，不法分子可通过这些漏洞利用手机病毒和恶意程序窃取用户信息；二是由于无线网络的开放性，用户和商家在公用网络上传输的敏感信息易被不法分子窃取、滥用和非法篡改，例如，劫持用户的网络，盗取用户的身份信息、账户信息来进行诈骗，或通过仿冒银行网站、移动支付App来引导用户提供隐私信息等。

（2）快捷支付功能安全威胁。很多移动支付工具为了优化用户体验，推出了快捷支付功能，如小额免密支付、手势密码支付等。虽然用户可以使用这些功能更快捷地进行各种支付活动，但如果手机遗失，他人也能够使用该手机进行小额支付或小额转账，这无疑会给资金安全带来威胁。同时，静态二维码（长期有效，一般为收款码，用于个人和商家收款，现在各种店面张贴的二维码就属于静态二维码）的广泛使用，虽然方便了用户的支付，但是容易被人替换，从而带来账户信息泄露和资金损失等风险。

（3）用户防范意识不强造成的威胁。目前用户在使用智能手机时的安全防范意识还相对薄弱，在使用个人隐私资料时，随意性较强，特别是在注册支付账户时，轻易授权企业对个人信息进行收集、下载不可信的App，以及在不同的支付工具中设置相同的账号和密码等，这些行为极大地降低了不法分子窃取个人信息的难度。另外，用户在公共场所随意接入免费Wi-Fi，而一些Wi-Fi接入点可能被植入了病毒，也容易带来各种安全威胁。

3. 商家欺诈行为造成的安全威胁

在移动商务中，用户只能通过图片、文字、视频等来了解产品，无法接触实物，很多时候用户难以全面掌握产品的产地、规格、原材料来源、成分等真实信息。由于买卖双方存在这种信息不对称的情况，很多商家利用虚假广告来欺骗用户，用户收到产品后才会发现其与广告宣传的存在较大差距。

知识窗

虚假广告有两层含义，一是产品宣传内容与所提供的产品的实际质量不符；二是产品宣传内容可能使用户对产品的真实情况产生错误的联想，从而影响其购买决策。

知识窗

素养小课堂

根据《电子商务法》第十七条的规定，电子商务经营者不得以虚构交易、编造用户评价等方式进行虚假或者引人误解的商业宣传，欺骗、误导消费者。根据《广告法》第四条的规定，广告不得含有虚假或者引人误解的内容，不得欺骗、误导消费者。广告主应当对广告内容的真实性负责。

4. 移动商务平台运营管理漏洞造成的安全威胁

移动商务平台是买卖双方实现交易的必要场所，如果该平台存在运营管理方面的漏洞，自然会对移动商务活动造成安全威胁。移动商务平台运营管理漏洞造成的安全威胁主要体现在两方面，如图6-1所示。

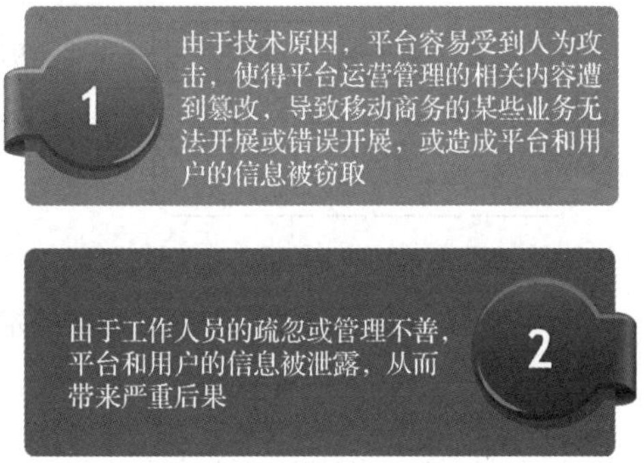

1 由于技术原因，平台容易受到人为攻击，使得平台运营管理的相关内容遭到篡改，导致移动商务的某些业务无法开展或错误开展，或造成平台和用户的信息被窃取

2 由于工作人员的疏忽或管理不善，平台和用户的信息被泄露，从而带来严重后果

图6-1 移动商务平台运营管理漏洞造成的安全威胁

👤 活动2　熟悉移动商务安全技术

小艾听了李经理的介绍，疑惑地问："既然移动商务面临这么多安全威胁，那人们要怎样维护移动商务的安全呢？"李经理说："在技术人员的努力下，目前已经有多种移动商务安全技术投入应用，为移动商务的安全筑起了一道'城墙'。下面我就给你具体讲讲吧。"

1. 无线公开密钥体系

无线公开密钥体系（Wireless Public Key Infrastructure，WPKI）是将传统电商中公开密钥体系（Public Key Infrastructure，PKI）的安全机制改进之后引入无线网络环境中形成的一套遵循既定标准的密钥及证书管理平台体系，能为无线网络中的各种应用提供数据加密和数字签名等安全服务，以此创造安全的无线网络环境，从而为移动商务环境中的信息传输和身份认证提供安全保障。

（1）WPKI中的相关对象

要想了解WPKI的原理和作用，需要先了解非对称加密、PKI、数字签名等对象。

① 非对称加密。非对称加密又称公钥加密，是指加密和解密时使用不同的密钥［由CA（Certificate Authority）认证中心签发］，即加密时使用公钥，解密时使用私钥。公钥是可以向全网公开的，而私钥需要用户自己保存。非对称加密技术进行信息传输的工作过程如图6-2所示，具体介绍如下。

- 乙方生成一对密钥（公钥和私钥）并向其他方公开公钥。
- 得到公钥的甲方使用该密钥对机密信息进行加密，然后再发送给乙方。
- 乙方用自己保存的另一把专用密钥（私钥）对加密后的信息进行解密。

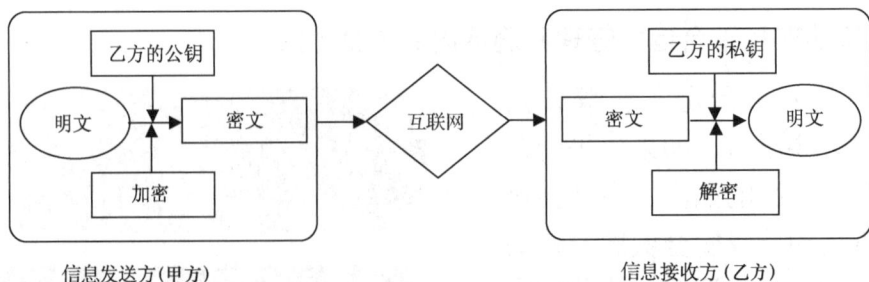

图6-2　非对称加密技术进行信息传输的工作过程

非对称加密是目前应用十分广泛的一种加密技术，在这一体系中，加密密钥与解密密钥各不相同，信息发送方利用信息接收方的公钥发送加密信息，信息接收方再利用自己专有的私钥进行解密。这种方式既保证了信息的机密性，又能保证信息具有不可抵赖性。目前，非对称加密体系被广泛应用于CA认证、数字签名和密钥交换等领域。

> **经验之谈**
>
> 与非对称加密对应的是对称加密。对称加密采用对称密码编辑技术，要求信息发送方和信息接收方使用相同的密钥，即文件加密与解密使用相同的密钥。采用这种方法进行信息加密，需要双方都知道密钥，并在安全通信前将密钥发送给对方。非对称加密比对称加密的安全性更高，但需要的时间更长、速度更慢。因此，非对称加密只适合对少量数据进行加密。

② PKI。PKI是一组安全服务的集合。一个完整的PKI系统必须具有CA认证中心、数字证书库、密钥备份及恢复系统、证书作废系统、应用接口等基本组成部分，其系统构建也将围绕着这几部分进行，如图6-3所示。

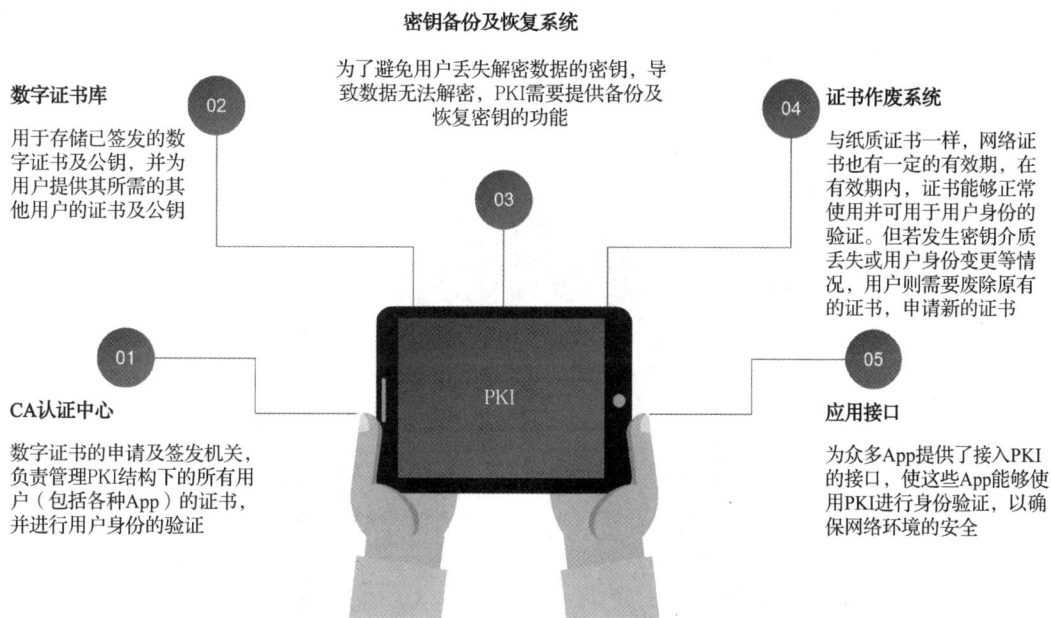

密钥备份及恢复系统
为了避免用户丢失解密数据的密钥，导致数据无法解密，PKI需要提供备份及恢复密钥的功能

数字证书库
用于存储已签发的数字证书及公钥，并为用户提供其所需的其他用户的证书及公钥

证书作废系统
与纸质证书一样，网络证书也有一定的有效期，在有效期内，证书能够正常使用并可用于用户身份的验证。但若发生密钥介质丢失或用户身份变更等情况，用户则需要废除原有的证书，申请新的证书

CA认证中心
数字证书的申请及签发机关，负责管理PKI结构下的所有用户（包括各种App）的证书，并进行用户身份的验证

PKI

应用接口
为众多App提供了接入PKI的接口，使这些App能够使用PKI进行身份验证，以确保网络环境的安全

图6-3 PKI的组成部分

③ 数字签名。数字签名是基于公钥加密技术实现的，因此又叫公钥数字签名。我们可以将数字签名简单地理解为附加在数据单元上的一些数据，或是对数据单元所做的密码变换。它可以帮助数据单元的接收者判断数据的来源，保证数据的完整性并防止数据被篡改。

知识窗

PKI就是利用公钥理论和技术建立的提供信息安全服务的基础设施，是利用现代密码学中的非对称加密技术在开放的网络环境中提供数据加密以及数字签名服务的统一的技术框架。

数字证书是一个经CA认证中心认证的包含证书申请者的数字签名、个人信息及其公开密钥的文件。在网上进行电商活动时，交易双方需要使用数字证书表明自己的身份并进行交易操作，只有在判断出数字证书符合资格后，才能完成交易，这样就保证了交易的安全。数字证书好比个人或单位在互联网上的身份证。

知识窗

（2）WPKI的技术原理

WPKI并不是一个全新的PKI标准，而是传统的PKI技术应用于无线网络环境的优化扩展。WPKI同样采用证书管理公钥，通过可信任的第三方机构——CA认证中心验证用户的身份，从而实现信息的安全传输。与PKI系统相似，一个完整的WPKI系统需具有CA认证中心、数字证书库、密钥备份及恢复系统、证书作废系统、应用接口等基本组成部分。WPKI与PKI的主要区别在于协议、证书格式和加密算法的优化等方面，如图6-4所示。

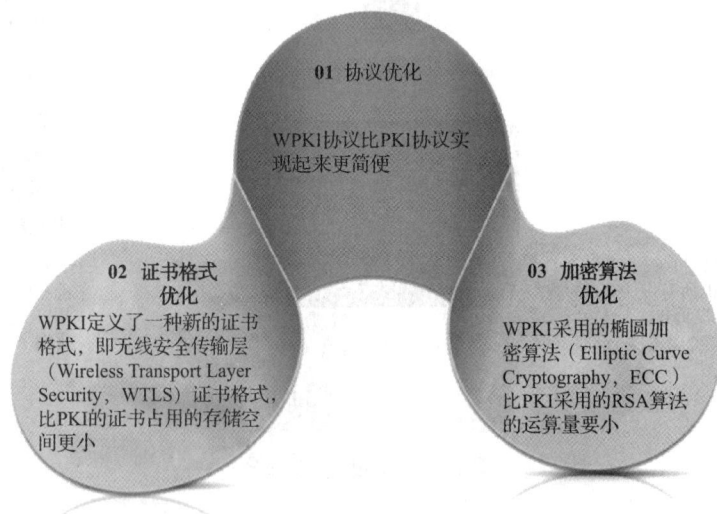

01 协议优化

WPKI协议比PKI协议实现起来更简便

02 证书格式优化
WPKI定义了一种新的证书格式，即无线安全传输层（Wireless Transport Layer Security，WTLS）证书格式，比PKI的证书占用的存储空间更小

03 加密算法优化
WPKI采用的椭圆加密算法（Elliptic Curve Cryptography，ECC）比PKI采用的RSA算法的运算量要小

图6-4　WPKI与PKI的主要区别

（3）WPKI的工作流程

在移动商务中，WPKI技术实施的关键是实现实时和安全的交易，尤其是

在移动环境下，需要准确地识别人员身份、判别账号真伪，并迅速、安全地完成转账处理。WPKI的工作流程如图6-5所示。

用户首先通过移动终端向CA认证中心申请数字证书，CA认证中心审核用户身份后签发数字证书给用户，用户一般将证书、私钥存放在移动终端中。然后用户使用移动终端通过无线网络访问互联网进行电商操作时，利用数字证书保证端对端的安全。移动商务服务提供商则通过CA认证中心验证用户证书确定用户身份，并给用户提供相应的服务，从而实现电商在无线网络上的安全运行。

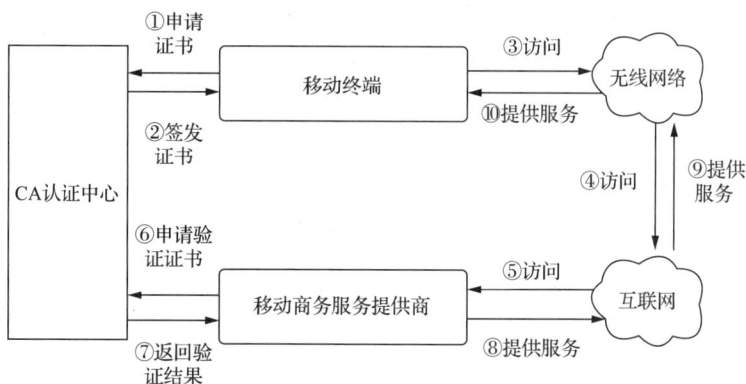

图6-5　WPKI的工作流程

2. 可信执行环境

可信执行环境（Trusted Execution Environment，TEE）是针对移动终端的开放性带来的安全问题所提出的技术标准，具体是指移动终端主处理器上的一个安全区域，用于保证加载到该环境内部的代码和数据的安全性、机密性和完整性。

与TEE相对应的是通用执行环境（Rich Execution Environment，REE）。移动终端的硬件和软件资源可以划分为两个执行环境，分别是TEE和REE，如图6-6所示，两个环境相互隔离。

由于具有专属的执行空间，TEE能够提供比一般的移动操作系统更高级别的安全保障（可同时应对对移动终端硬件和软件的攻击），能够满足大多数应用的安全需求。运行在TEE中的应用被称为可信应用，其可以访问移动终端主处理器和内存的全部功能。而TEE内部的软件和隔离技术可以确保每个可信应用不相互影响，这样可以使TEE被多个不同的服务提供商同时使用，而不影响其安全性。

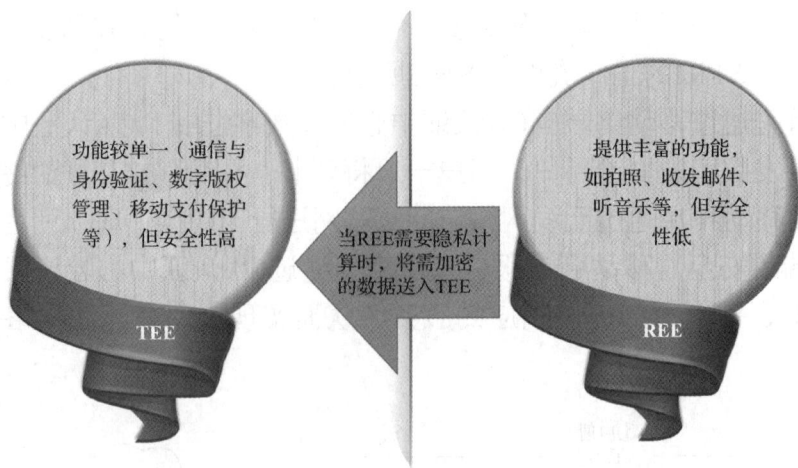

图6-6　TEE和REE

3. 生物特征识别技术

在无线网络环境下，信息在传输过程中更容易被窃听、伪造和篡改，传统的密码技术已经无法适应无线网络环境，人们必须寻找一种安全系数更高、更难识别的密码保护体系来为移动商务服务。因此，近年来不断发展的生物特征识别技术已被广泛应用于用户在移动商务活动中的身份识别，从而有效保护用户的信息安全。

知识窗

生物特征识别技术是指通过计算机识别人体所固有的生物特征来进行个人身份鉴定的技术。生物特征识别技术是集光学技术、传感技术、超声波扫描技术和计算机技术于一体的身份验证技术，它不需要用户记住复杂的密码，也不需要用户随身携带钥匙、智能卡等标识物，借助计算机技术即可实现自动化运行。

知识窗

目前，常用的生物特征识别技术主要包括以下5种。

（1）指纹识别技术。指纹识别即通过比较不同指纹的细节和特征来进行身份鉴别。指纹识别技术是一种接触性的识别技术，是目前移动商务中应用较广泛、价格较低廉的一种生物特征识别技术。由于每次用手按的位置不完全一样，着力点不同会带来不同程度的变形，又存在大量模糊指纹，因此正确提取特征和实现正确匹配是指纹识别技术的关键。图6-7所示为指纹识别打卡的场景。

图6-7 指纹识别打卡的场景

（2）人脸识别技术。人脸识别技术是一种基于人的相貌特征信息进行身份认证的生物特征识别技术，其采用非接触的方式进行识别。人脸识别程序是摄像头采集含有人脸的图像或视频后，系统自动在图像中检测和跟踪人脸，然后对检测到的人脸进行脸部图像特征识别，将识别出的人脸特征信息和系统预留的信息匹配，若匹配一致，则验证成功。目前，人脸识别技术的应用主要包括住宅安全和管理（如人脸识别门禁，见图6-8）、公安刑侦、电商中的信息安全保障（如刷脸支付、人脸身份认证等）。

图6-8 人脸识别门禁

（3）虹膜识别技术。虹膜识别技术是基于眼睛中的虹膜进行身份识别的生物特征识别技术，可应用于安防设备（如门禁等）以及有较高保密需求的场所。虹膜识别的过程如下：使用特定的摄像器材获取虹膜图像，对获取到的虹膜图像进行处理，提取虹膜识别所需的特征点并对其进行编码，然后在数据库中搜寻编码相同的虹膜，从而实现身份识别。

（4）声音识别技术。声音识别即声纹识别，声纹是电声学仪器显示的携带言语信息的声波频谱。由于每个人的发音器官都不尽相同，所以任何两个人的声纹图谱都有差异，根据这种差异便可利用声音进行身份鉴别。图6-9所示的声音锁就采用了声音识别技术。

图6-9　声音锁

（5）掌纹识别技术。掌纹识别技术是近几年出现的一种较新的生物特征识别技术。掌纹是指手指末端到手腕部分的手掌图像。其中很多特征可以用来进行身份识别，如主线、皱纹、细小的纹理、末梢点和分叉点等。掌纹识别对于用户而言比较容易接受，对采集设备的要求也不高。图6-10所示为用掌纹解锁笔记本电脑的场景。

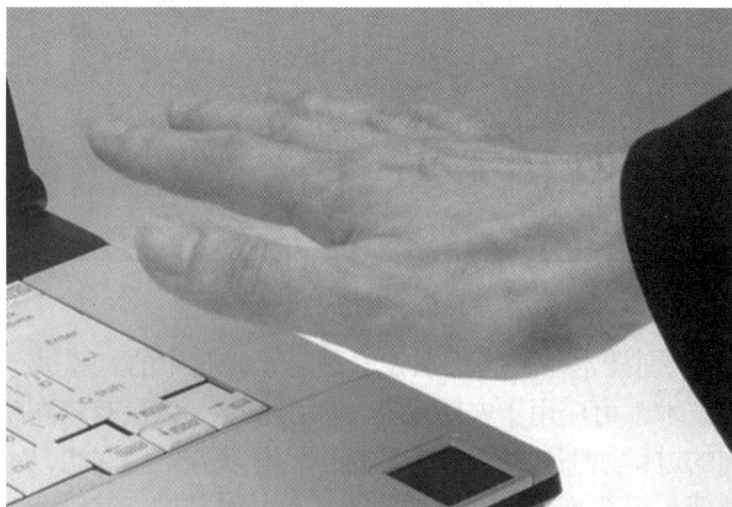

图6-10　用掌纹解锁笔记本电脑的场景

素养小课堂

近年来，我国高度重视网络安全问题，并取得了明显成效，这不仅推动了网络安全体系的进一步完善，加强了对金融、能源、电力、通信、交通等领域的关键信息基础设施的保护，还使得数据安全管理水平和个人信息保护水平显著提升，全社会的网络安全意识和防护能力明显增强，人们在网络空间的获得感、幸福感、安全感不断提升。

动手做

探索生物特征识别技术的应用场景

请同学们查询相关资料，结合所学知识，完成表 6-1。

表 6-1 生物特征识别技术的应用场景

生物特征识别技术	常见应用场景
指纹识别技术	
人脸识别技术	
声音识别技术	

任务二 维护移动终端安全

任务描述

小艾的手机最近老是自动安装一些陌生的App，她觉得很奇怪，便向李经理求助。李经理仔细查看了小艾的手机，发现原来是因为手机被植入了病毒。李经理帮小艾下载了杀毒App，对病毒进行了查杀，使小艾的手机恢复了正常。同时，李经理提醒小艾要重视手机等移动终端的安全问题，避免遭受损失。

任务实施

活动1 了解移动终端面临的安全威胁

小艾听了李经理的话，心有余悸，因为自己之前很少考虑移动终端的安全问题，于是希望李经理详细说说移动终端究竟面临着哪些安全威胁。李经理说，目前移动终端是移动商务活动正常开展所必不可少的一部分，因此移动终端面临的安全威胁将直接影响移动商务活动的开展。目前，移动终端面临的安全威胁有以下4点。

> **知识窗**
>
> 移动终端或称移动通信终端，泛指可以在移动中使用的设备，广义上包括手机、笔记本电脑、平板电脑、POS 机、车载电脑，但是大部分情况下是指智能手机及平板电脑。

知识窗

1. 丢失或损坏

移动终端属于随身物品，在携带过程中会因为人为或自然因素丢失或损坏。移动终端中通常会储存大量用户个人信息，一旦丢失或损坏，轻则造成一系列麻烦，重则造成财产损失。

2. 窃听

不法分子在目标移动终端内安装专门的窃听装置，不仅能窃听用户的通话内容，还能通过远程控制，在用户毫不知情的情况下，使处于待机状态的移动终端自动切换为录音状态，从而窃听周围环境的声音内容。

3. 手机病毒

手机病毒是一种具有传染性、破坏性的程序，它以手机为感染对象，以手机网络和计算机网络为平台。为了方便用户自行安装程序，移动终端安卓系统采用的是开放式系统，相对更容易感染病毒。连接未知的无线网络、点击不明网络链接、查看垃圾短信和安装未知来源的App等都容易导致移动终端感染不法分子植入的手机病毒。不法分子也会利用移动终端的系统缺陷直接向移动终端传播手机病毒，对移动终端系统进行破坏，使其网络运行瘫痪、能耗增大等，甚至窃取个人信息，从而造成用户资金损失等严重后果。

4. 伪基站攻击

近年来，伪基站强行向用户手机发送垃圾短信和诈骗短信的现象十分常见，由于伪基站可冒充银行、通信运营商等公共服务商的号码，所以其发送的不法短信欺骗性很强，严重干扰了用户的日常生活，使很多用户上当受骗。而且由于伪基站便携，具有较强的流动性，其隐蔽性也很强。

知识窗

伪基站是一种非法无线电通信设备，一般由主机和笔记本电脑组成。其通过短信群发器、短信发送机等相关设备，能够搜集以其为中心、一定半径范围内的手机卡信息，再通过伪装成运营商的基站，任意冒用他人手机号强行向用户手机发送诈骗类、广告推销类短信。

知识窗

活动2　掌握移动终端的安全防护

小艾听了李经理的介绍后，十分担心自己手机的安全，李经理让她不必过分紧张，只要做好日常安全防护，就可以尽可能降低移动终端的安全风险。

1. 谨慎扫描二维码

当前，二维码随处可见，很多用户养成了随手扫描二维码的习惯。然而很多手机病毒会通过二维码来传播，如不法分子将木马程序（病毒的一种）以及相关插件网址生成一个二维码，然后通过优惠券、抽奖券等文案诱导用户扫描。因此用户应该对来源不明的二维码保持警惕，如果扫码后跳转到不明网站，要注意系统的跳转提示，尽量避免登录非常规的网站，以规避相关风险。

2. 从正规渠道下载App

用户应该尽量通过正规应用商店（如小米应用商店、华为应用商店、应用宝等）下载App。当前主流的应用商店都会对上架的App进行严格审核，确保App不会对用户的移动终端造成严重的安全威胁。

3. 加强App权限管理

用户应该加强对各个App权限的管理，选择性地为各个App开通特定的权限。例如，在小米手机中，App需要读写设备中的照片和文件时，需要申请相关权限，此时系统会弹出窗口让用户进行权限设置，用户可以拒绝为该App开通权限（会影响App的部分功能），也可以设置权限为"仅在使用时允许"，或者"始终允许"（为保护隐私，应尽量避免设置为"始终允许"），如图6-11所示。此外，用户还可以定期查看各个App的行为记录（包括App行为以及系统对此的反应），如图6-12所示，看App是否有异常行为，如频繁获取联系人信息、频繁读取剪贴板等；如果有，用户可以通过手机的智能功能来进一步加强对该App的权限管理（如仅让App获取空白信息等，见图6-13），必要时可以考虑将其卸载。

图6-11　申请权限　　　图6-12　App行为记录　　　图6-13　加强权限管理

4. 安装安全软件

对于移动终端而言，安装安全软件是有效的防护措施。目前，移动终端的安全软件都拥有全面的功能，包括杀毒、垃圾清理、应用管理、系统防护和流量监控等。图6-14所示为小米手机自带的安全软件对用户下载/安装App的行为提供的安全防护功能，包括风险应用下载防护，恶意广告应用防误装，以及应用安全检测等。

5. 定期备份

用户应该定期对移动终端上保存的个人数据（如短信、联系人与通话记录、照片、电子文档、备忘录、应用程序设置和系统数据等）进行备份。备份的方式很多，包括备份到个人计算机、U盘或移动硬盘中，也可以选择云备份（即备份到云平台中，如百度网盘、阿里云等）。图6-15所示为百度网盘手机备份界面。

6. 开启用户验证

用户验证是保证移动终端不被用户本人以外的人使用的有效手段，可以有效防止移动终端遗失后被他人操作。移动终端可以设置用户验证的场景，包括锁屏解锁、打开特定App、打开相册、修改关键系统设置（如修改锁屏解锁方式）、快捷支付等，验证的方式有密码验证（包括图案密码、数字密码等）、指纹验证、人脸验证等。图6-16所示为小米手机的用户验证方式。

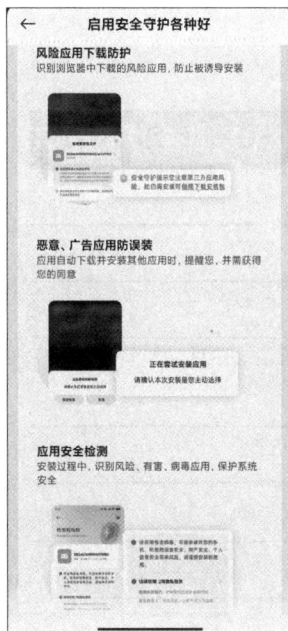

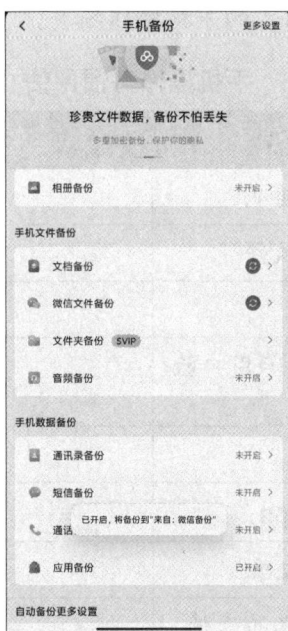

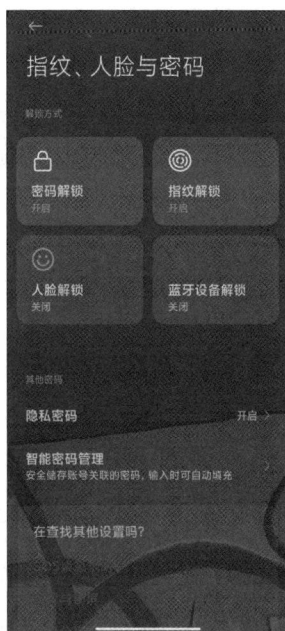

图6-14　安全防护功能　　图6-15　百度网盘手机备份界面　图6-16　小米手机的用户验证方式

7. 不连接陌生Wi-Fi

当前很多公共场合会有免费、不用输密码的Wi-Fi，然而这些Wi-Fi并不都是安全的。不法分子可能利用免费Wi-Fi来吸引用户连接，进而获取用户设备的相关信息，如果用户在连接恶意Wi-Fi后进行了密码输入、收付款、网络购物等操作，就可能会造成财务损失，因此用户应杜绝连接陌生Wi-Fi。

经验之谈

在连接公共Wi-Fi时，用户应尽量避免访问财务或银行信息，特别是输入支付密码等操作，以防止账号、密码等被窃取。

8. 验证信息的真伪

用户在收到陌生手机号发送的信息（尤其是以各种机构或公司官方名义发送的信息）时，首先不能随意点击其中包含的网页链接，其次应该验证其真伪，具体可以向相关机构或公司的官方客服求证，发现诈骗信息应该及时报警。

动手做

评估手机操作习惯

请同学们填写表 6-2，评估自己的手机操作习惯。

表6-2 手机操作习惯评估

评估问题	评估结论（是或否）
是否扫描过来源不明的二维码	
是否在手机中安装了安全软件	
是否定期备份个人资料	
是否开启了指纹验证、人脸验证等用户验证方式	
是否连接过陌生Wi-Fi	
是否通过正规渠道下载App	
是否为App设置了合理的权限	
是否核实了陌生号码发送的信息的真伪	

同步实训

实训 使用腾讯手机管家App维护手机安全

实训描述

本次实训要求同学们通过正规渠道下载腾讯手机管家App，安装后使用该App来维护手机安全，包括一键优化、清理垃圾（包括微信图片垃圾）、安全检测、风险短信识别以及云备份操作。

操作指南

使用腾讯手机管家App维护手机安全，可以参考以下步骤进行操作。

步骤 01 通过正规渠道下载腾讯手机管家App，这里在小米手机自带的应用商店下载，进入应用商店，在顶部搜索框中输入"腾讯手机管家"，如图6-17所示，搜索框下方将自动显示相关的搜索结果，点击"腾讯手机管家"对应的 安装 按钮。

步骤 02 此时系统将自动下载并安装该App。安装完成后返回手机桌面，点击该App对应的图标，进入该App。在打开的界面中点击 同意 按钮，进入腾讯手机管家App主界面，此时腾讯手机管家App会迅速扫描手机并给出手机安全状况得分，点击一键优化按钮，如图6-18所示。

步骤 03 腾讯手机管家App会自动优化手机的安全状况，完成后显示其他优化建议，如图6-19所示。

微课视频

使用腾讯手机
管家 App 维护
手机安全

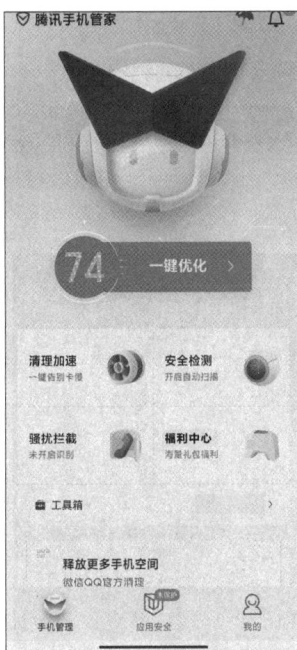

图6-17 输入"腾讯手机管家" 图6-18 点击"一键优化"按钮 图6-19 优化建议

步骤 04 点击 清理 +10分 按钮，在打开的界面中点击 立即体验 按钮，在打开的"权限申请"面板中点击 去授权 按钮，如图6-20所示。分别在依次打开的面板中点击 仅在使用中允许 按钮和 允许 按钮，如图6-21所示。

步骤 05 此时腾讯手机管家App会自动检测手机中的垃圾，点击 放心清理 按钮，如图6-22所示。清理完成后将打开"垃圾清理预扫描"面板，点击 同意 按钮，如图6-23所示。

步骤 06 在打开的清理结果界面中点击"微信清理"选项，在打开的"微信清理"界面中点击"图片"选项，如图6-24所示。

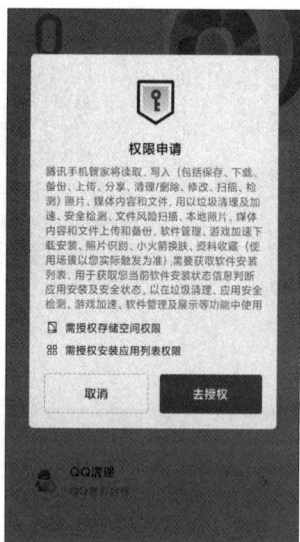

图6-20　点击"去授权"按钮　　　　　　图6-21　授予权限

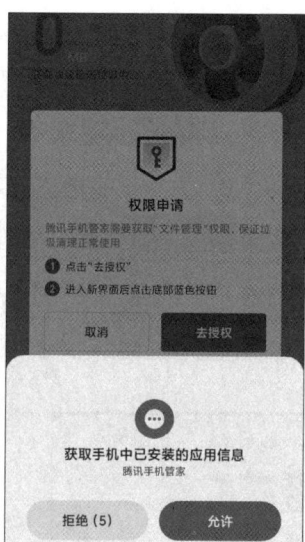

图6-22　点击"放心清理"按钮　图6-23　点击"同意"按钮　图6-24　点击"图片"选项

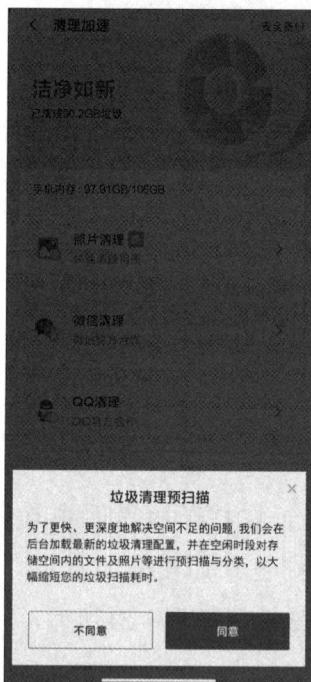

步骤 07 在打开的界面中勾选需要清理的图片，然后点击 删除 按钮，如图6-25 所示。

步骤 08 返回主界面，点击"安全检测"选项，在打开的面板中点击 立即开启按钮，然后在打开的"安全检测"界面中点击 立即检测 按钮，如图6-26所示。

步骤 09 腾讯手机管家App将自动进行安全检测，并显示结果及优化建议，这里点击 立即更新 按钮，如图6-27所示。

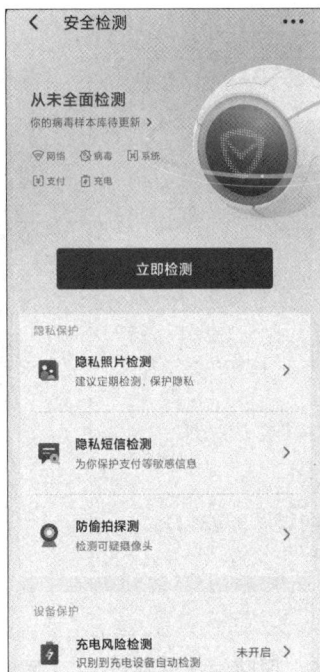

图6-25　点击"删除"按钮　　图6-26　点击"立即检测"按钮　　图6-27　点击"立即更新"按钮

步骤 10 返回主界面，点击"骚扰拦截"选项，在打开的界面中点击"风险短信识别"对应的 开启 按钮，如图6-28所示，在依次打开的面板中分别点击 同意 按钮和 允许 按钮，即可查看风险短信识别结果，如图6-29所示，点击"疑似诈骗"选项卡，即可查看疑似诈骗的短信。

步骤 11 返回主界面，点击底部的"我的"按钮 ，在打开的界面中点击 立即备份 按钮，在打开的面板中点击选中下方的复选项，然后点击"使用QQ"或"使用微信号"选项登录，这里点击"使用微信号"选项，如图6-30所示。

步骤 12 在打开的界面中点击 允许 按钮，允许腾讯手机管家App获取微信昵称和头像。登录成功后分别在依次打开的面板中点击 同意 按钮和 仅在使用中允许 按钮，在打开的"备份联系人"界面中已经默认选中了待备份的本地联系人，点击 下一步 按钮，如图6-31所示。

步骤 13　在打开的"备份照片"界面中点击需要备份的照片，点击 ▊下一步▊ 按钮，如图6-32所示。

步骤 14　在打开的界面中点击 ▊开始备份▊ 按钮，系统将自动备份，在打开的"管家安全云"界面中将显示已备份的内容，如图6-33所示。

图6-28　开启风险短信识别　　图6-29　风险短信识别结果　　图6-30　点击"使用微信号"选项

图6-31　备份联系人　　　　图6-32　备份照片　　　　图6-33　已备份的内容

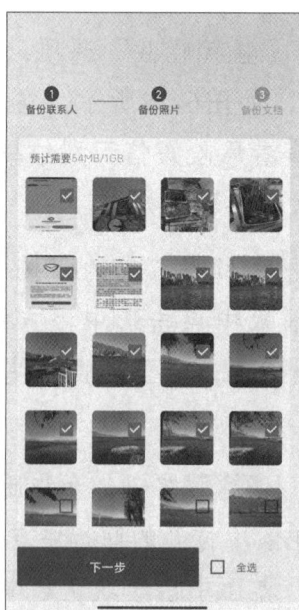

实训评价

同学们完成实训操作后，提交操作截图，老师据此按表6-3所示内容进行打分。

表6-3 实训评价

序号	评分内容	总分	老师打分	老师点评
1	是否完成了一键优化、垃圾清理操作	30		
2	是否完成了安全检测	30		
3	是否开启了风险短信识别功能	20		
4	是否备份了手机中的联系人、照片等	20		

得分：_____

项目总结

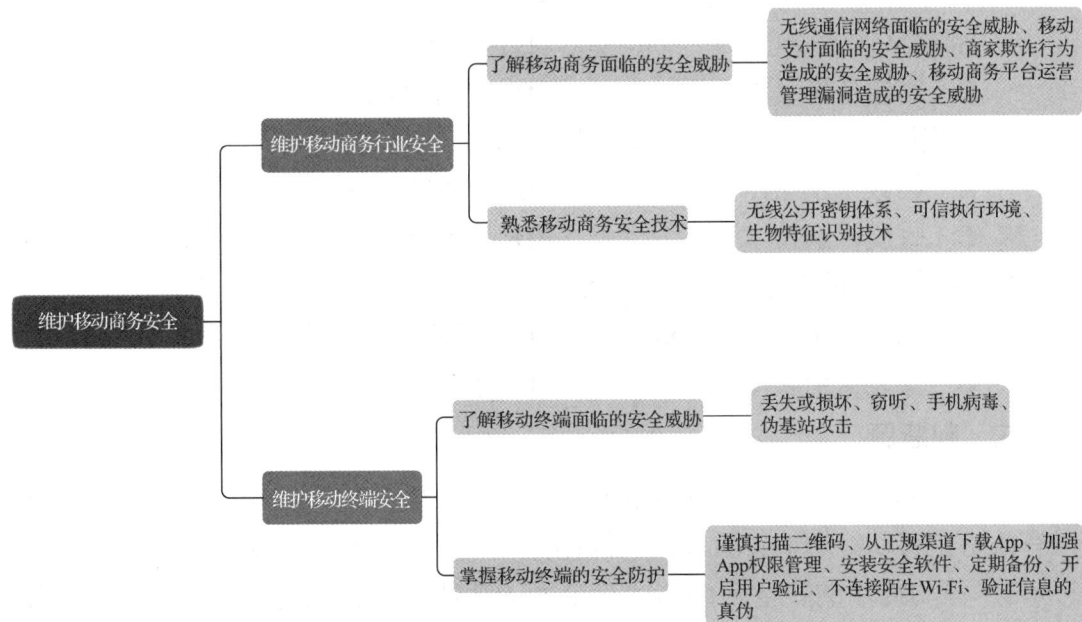

课后习题

一、单选题

1. 下列不属于无线通信网络面临的安全威胁的是（ ）。
   A. 信息被窃取　　　　　　　　B. 信息被篡改
   C. 网络被接管　　　　　　　　D. 通信干扰

2. WPKI是将传统电商中（ ）的安全机制改进之后引入无线网络环境中形成的一套遵循既定标准的密钥及证书管理平台体系。
   A. PKI　　　　B. PKL　　　　C. POI　　　　D. WPK

3. 非对称加密中，加密和解密时使用的分别是（ ）。
   A. 公钥、私钥　　　　　　　　B. 私钥、私钥
   C. 公钥、公钥　　　　　　　　D. 私钥、公钥

4. （ ）是指移动终端主处理器上的一个安全区域，用于保证加载到该环境内部的代码和数据的安全性、机密性和完整性。
   A. RUE　　　　B. TAE　　　　C. REE　　　　D. TEE

二、多选题

1. 一个完整的PKI系统必须具有的基本组成部分包括（ ）。
   A. CA认证中心　　　　　　　　B. 数字证书库
   C. 密钥备份及恢复系统　　　　D. 证书作废系统

2. 常用的生物特征识别技术主要包括（ ）。
   A. 指纹识别技术　　　　　　　B. 人脸识别技术
   C. 虹膜识别技术　　　　　　　D. 气味识别技术

3. 移动终端的安全防护措施包括（ ）。
   A. 从正规渠道下载App　　　　B. 把移动终端放在家里
   C. 安装安全软件　　　　　　　D. 定期备份

三、判断题

1. 用户验证是保证移动终端不被用户本人以外的人使用的有效手段，可以有效防止移动终端遗失后被他人操作。　　　　　　　　　　（　　）

2. 移动终端的安全软件都拥有全面的功能，包括杀毒、垃圾清理、应用管理、系统防护和流量监控等。　　　　　　　　　　　　　（　　）

3. 虹膜识别技术是基于眼睛中的虹膜进行身份识别的。　　　　（　　）